SUPERJUNIOR 的
韩国游记 下

凡例

带有 (AR) 标志的图片，如果您使用手机下载 "SUPERJUNIOR'S EXPERIENCE KOREA" 的APP，便可以看到动态视频。

（*AR视频支持ANDROID OS 4.1，IPHONE4S以上系统。）

슈퍼주니어's 익스피리언스 코리아

SUPERJUNIOR 的
韩国游记 下

济州岛 / 庆尚道 / 京畿道

【韩】SUPERJUNIOR 著

李欣爱 译

江苏美术出版社

01 济州岛

TRAVELER **LeeTeuk**

济州岛对急需要休息的我和厉旭来说，真是再合适不过了。映入眼帘的风景中突然出现一道绿宝石般的光芒，经过绿意盎然的森林，瞬间觉得沉重的肩膀和双腿都变得轻松无比。当然还有烤黑猪肉和新鲜的生鱼片，正因为有了济州美食，让我感到更幸福了。

TRAVELER **RyeoWook**

你们知道我喜欢济州岛吗？自从几年前全家旅行来过一次以后，我便爱上了这里，并且很想再次来济州岛。这次和利特哥一起可以尽情享受济州岛的风光了，问我这次旅行怎么样？当然和以前一样非常愉快，我的恋济州岛症状真是越来越严重了。

02 庆尚道

TRAVELER **Yesung**

旅行是非常奇妙的事情，即使是从首尔来到遥远的庆尚道，也丝毫不觉得疲倦。庆州韩屋饭店后院青蛙的叫声让我心情舒畅，海云台海边夜晚的微风，让我心底涌起浪漫。即使面对第一次见到的食物，我也毫不担心地动了筷子，旅行就是有这样的魔力。这段时间我发现了韩国更多的魅力。

TRAVELER **SungMin**

从首尔出发，1个小时就可以到京畿道了，开始一段放松的旅行吧！采摘草莓、高空飞索、小法国村散步、龟岛露营等，不管你选择了哪项，你都不会失望的！

TRAVELER **KyuHyun**

在统营和釜山的时间，能够充分感知大海的魅力。为餐桌上的海鲜而着迷，在能看到海的小村落里散步，在海上体验快艇乐趣，骑海上自行车，晚上在海边散步等等，体验了好多曾经没有做过的事情。每一个瞬间都充满着惊喜，我将永远记住这次旅行。

TRAVELER **KangIn**

仁川新浦国际市场的美食真是多，因为和我关系很好的棒球手朋友经常提到这里，这次来到这里发现果真很棒。在这里，还有能亲自体会韩国近代文化的建筑，之前并不知道仁川这么有魅力。

01 首尔

Super Jr. 강인.
조강하세요!!

TRAVELER **KangIn**

我是土生土长的首尔人，首尔对我来说并不陌生，但是我并没有正式地游过首尔。这次和晟敏一起一边旅行，一边发掘首尔不一样的魅力，发现了首尔未曾见过的样子。

성인
Super Junior

TRAVELER **SungMin**

一边感受首尔市中心原本沉寂的韩屋风景一边度过了美好的闲暇时光。拍摄了一张唯一的黑白照片，亲手制作了花篮，尝到了强仁哥制作的甜点，也逛到了几条别致的街道。虽然和我一起走会有些慢，但你要不要开始一段奇妙的首尔旅行呢？

02 江原道

SIWON CHOI.

TRAVELER **DongHae**

和旅行地也有八字合不合之分吧？那么对我来说，江原道和我是情投意合的。韩国下雪最多的平昌，有轨道自行车和日集市的旌善，咖啡之都江陵，雪岳山所在城市束草……这些光名字就很有名的地方都属于江原道，当然还有让人心情清爽的东海岸！

Super Junior 동해

TRAVELER SiWon

对爱旅行的人而言，江原道可以被称为"GIFT SET"。因为在那里，值得一看的、值得一吃的、值得一玩的和值得欣赏的实在太多。这次江原道之行便是"始源·东海见证下的GIFT SET"。除了介绍江原道有名的场所，还有不常被介绍的让人晕眩的人行天桥和高空飞索，东海岸冲浪！相信大家会像我一样陶醉于江原道。

TRAVELER EunHyuk

Super Junior 은혁

我们的旅行是成员们最羡慕的，因为我们度过的是充满美味的时光。全州的零食和韩式套餐，潭阳的大树冰淇淋，光州的年糕排骨还有泡菜！终于知道美食对于旅行来说多么重要了，每当回忆起那个味道的时候，就会想起曾经去过的地方。如果只有我一个人未免太自私了，很想和大家一起分享全罗道和忠清道的美味！

Super Junior 신동♡

TRAVELER ShinDong

对我而言，我瞬间就记住了这次旅行的色彩。褐色的柱子和白色的墙壁构筑下的韩屋村，里面布满了黄色的银杏树和红色丹枫，石墙的美丽花纹映衬着橘红色柿子树和散发香气的木瓜树，还有秋意正浓的潭阳林荫路。眼里、心里充满了这美丽的自然色彩，好像不知不觉被治愈了。如果需要被治愈，不需要去很远的地方，请慢慢发现韩国角角落落里的治愈系风景吧！

01济州岛/02庆尚道/03京畿道

首尔·京畿
TRAVELER

江原道
TRAVELER

全罗道
TRAVELER

济州岛
TRAVELER

庆尚道
TRAVELER

020
MAP
& INFO

东部海岸

024
ENJOY #01
骑着马驰骋原野

030
ENJOY #02
在这里，哪怕是迷了路
也很美好

036
ENJOY
IN
济州

038
TASTING #01
把济州岛"塞进嘴巴里"

042
TASTING
IN
济州

044
FEELING #01
连风都要停歇的地方

054
EXPERIENCE NOTE
去看看济州岛的民宿吧

056
FEELING #02
清晨，与济州岛初升的
太阳邂逅

南部海岸

062
ENJOY #01
摘下天上的果实

068
ENJOY #02
毫无准备，才能享受
特别的乐趣

075
ENJOY
IN
济州

076
ENJOY #03
想钓鱼，就来
济州岛吧

西部海岸

086
MAKING #01
与蕴含海腥味的
绿茶邂逅

094
FEELING #01
面对天然形成的
自然风景

098
FEELING
IN
济州

济州市

102
ENJOY #01
全身心去感受济州的风

108
TASTING
IN
济州

汉拿山&

112
FEELING #01
沉浸在火山岛当中

济州的岛屿

116
FEELING #01
在未经污染的
大自然中漫步

122
MAP
& INFO

庆州

126
ENJOY #01
典雅又便利的
韩屋酒店

134
ENJOY #02
最适合骑自行车的城
市——庆州

138
TASTING #01
崔富人家的韩式套餐可
与全罗道相媲美

143
TASTING
IN
庆州

144
FEELING #01
山寺的色彩,寺庙住宿

150
EXPERIENCE NOTE
遍布韩国的寺庙住宿

统营

154
ENJOY #01
完全是为了自行车打造的
水陆→运自行车公路

160
ENJOY #02
海滨村庄的
新娱乐——快艇

166
TASTING #01
用海鞘制作料理
的地方——海鞘屋

170
TASTING
IN
统营

172
FEELING #01
我如画,画如我的地方
——东皮郎壁画村

180
EXPERIENCE NOTE
向人们诉说心情的
美丽的壁画村

釜山

184
ENJOY #01
釜山海鸥的
棒球之魂——社稷球场

190
MAKING #01
随心所写的
书法

196
TASTING #01
对着灯火辉煌的
广安大桥,干杯

200
TASTING #02
在釜山的最后一晚,
海鲜Party

206
FEELING #01
充满了书的香气和字的
声音的宝水洞书店胡同

212
FEELING #02
釜山夜晚的海,
闪着美丽的光

226
MAP
& INFO

加平

230
ENJOY #01
坐的时候很晕，
下来后发麻！
坐着高空飞索飞吧

234
ENJOY #02
京畿道和江原道
的边界——南怡岛

240
ENJOY
IN
加平

242
MAKING #01
想记住
只属于我的香味

248
FEELING #01
在仿佛能遇到
小王子的小法国村散步

260
EXPERIENCE
NOTE
韩国地球村文化体验

杨平

264
MAKING #01
草莓蒂向上、又窄又长的
更美味

272
FEELING #01
在水雾弥漫的两水里散步

280
FEELING
IN
杨平

坡州

284
ENJOY #01
坡州出版园，
爱书达人之城

286
FEELING #01
想要在阳光明媚时散步的
小村庄——惠邑里

仁川

290
ENJOY #01
月尾岛游乐园，
韩国第一辆飞车诞生地

296
ENJOY
IN
仁川

298
TASTING #01
想寻找与众不同的味道，
就到新浦国际市场

308
TASTING #02
西海的味道——烤青蛤

314
TASTING
IN
仁川

319
THANKS
TO

01 首尔 / 02 江原道 / 03 全罗道

首尔·京畿
TRAVELER

江原道
TRAVELER

全罗道
TRAVELER

庆尚道
TRAVELER

济州道
TRAVELER

020
MAP
& INFO

江北

024
ENJOY #01
北村的下午，体验
黑白照片

030
ENJOY #02
青春的港湾，艺术的
集结地——弘大前

032
EXPERIENCE NOTE
我也是夜店咖

034
ENJOY #03
首尔的地标——南山塔

042
MAKING #01
今天我也是花匠

050
TASTING#01
犯困的下午，
在北村咖啡馆里
享受一杯咖啡

056
TASTING
IN
江北

060
FEELING #01
胡同向我诉说着，藏在
生活中的故事

066
FEELING #02
在光化门体会愉快的
广场游戏

江南

074
ENJOY#01
乘着水上巴士游汉江

079
ENJOY
IN
江南

082
ENJOY #02
阳光明媚的日子，
想去林荫道转转

088
MAKING #01
金黄色面包
带来的甜蜜时光，
烘焙课堂开课啦

096
TASTING
IN
江南

102
MAP
& INFO

旌善

106
ENJOY #01
用双脚来完成的登山旅程

111
ENJOY
IN
旌善

112
ENJOY #02
飞过旌善的天空

120
ENJOY#03
穿过旌善的河川

128
EXPERIENCE NOTE
江原道的运动名地

130
ENJOY #04
它不是火车,而是
用双脚在铁轨上奔跑

138
TASTING #01
高丽大蓟到底是什么

143
TASTING
IN
旌善

144
FEELING #01
旌善的时间停住

152
FEELING #02
5天后再见

158
FEELING#03
在野花丛中享受自由时间

江陵

166
ENJOY #01
冲浪在东海

180
MAKING #01
始源的速溶咖啡
和东海的滴漏咖啡

平昌

196
ENJOY #01
在海拔700米的平昌

201
ENJOY
IN
平昌

202
EXPERIENCE NOTE
提前见面的
2018冬奥会

束草

206
ENJOY #01
去束草的特别方式

210
EXPERIENCE NOTE
寻找需要排队
才能享受到的束草
终极美食餐厅

216
MAP
& INFO

全州

220
ENJOY #01
书生们的"乡射礼"

226
ENJOY #02
在全州，人人都能当书生

230
MAKING #01
蕴含着香味并诉说着
文化的家酿酒

236
TASTING #01
光看就很过瘾的
全州韩式套餐

240
TASTING
IN
全州

243
EXPERIENCE NOTE
在全罗道可以品尝到
韩式套餐的地方

244
FEELING #01
躺在暖暖的长廊上

250
EXPERIENCE NOTE
全罗道
可供住宿的韩屋

252
FEELING #02
韩屋村漫步

258
FEELING
IN
全州

潭阳

264
FEELING #01
森林和树木，治愈系潭阳

270
FEELING
IN
潭阳

光州

274
ENJOY #01
看到的所有东西都能成为
艺术，体验大仁艺术市场

282
ENJOY
IN
光州

286
MAKING #01
装满韩国人自尊心的
味道——泡菜

292
MAKING #02
让人无法自拔的
香喷喷又甜蜜蜜的
光州年糕排骨

298
TASTING #01
细腻的口感和
清淡的味道，
迷人的光州美味
——煎肉饼

顺天

304
FEELING #01
火红的夕阳和金黄色的
芦苇浑然一体
——顺天湾

306
FEELING
IN
顺天

307
EXPERIENCE NOTE
在全罗道拍摄影视剧
的场所

忠清道

310
FEELING #01
秋季旅行的
新发现——公州

312
FEELING #02
让大海的味道
浸入心扉的泰安

314
FEELING #03
庆典之都——保宁

319
THANKS TO

济州岛是坐落在韩国西南部的一座火山岛。
它有着"韩国最棒的旅游胜地"的美名。
如果可以亲自去那里游玩一次，自然而然就会知道
为什么这么多人喜爱济州岛了。

TRAVELER
利特，厉旭

01

济州岛

JEJUDO

SUPERJUNIOR's EXPERIENCE KOREA

东部
南部
西部
济州市
汉拿山&
岛

利特哥和我要介绍济州岛了！

我们刚好有了一段休假的时间，利特哥突然提议说要去济州岛旅行。我听说济州岛特别美，很想哼着歌亲自去那边旅行看看。去年和父母一起旅行后完全迷上了济州岛，所以我根本没理由拒绝利特哥的这次提议呀！和同家人一起旅行时一样，我为利特哥准备了旅行手册，还制定了我们的旅行日程。这次我们下定了决心，不仅要玩得轻松，还要玩得过瘾！济州岛的每个地方我们都不放过，全部都要留下足迹。

济州岛是坐落在韩国西南部的一座火山岛。它有着"韩国最棒的旅游胜地"的美名。如果可以亲自去那里游玩一次，自然而然就会知道为什么这么多人喜爱济州岛了。在岛屿的中间，我们可以看到由雄壮的山脊和大海环抱着的、高耸入云的汉拿山。这里不仅有由联合国教科文组织（UNESCO）确认登记为世界自然文化遗产的汉拿山和熔岩洞等代表性景点，还有像偶来路、牛沼河口、城山日出峰等，一直在济州岛各处隐匿着的纯天然的自然风光。另外，美丽的建筑物和拥有各种各样主题的街道、博物馆、咖啡厅、民宿等景观，都可以让你很好的享受到难得的休闲假期。另一方面，要是到了济州岛，各种美味的特产是绝不能漏掉的，对吧？大家可以尝到在整个济州岛都很有名的烤黑猪肉、鲍鱼粥、炖带鱼等美食。甚至像蛋糕、巧克力、面包等甜点，都可以用各种济州岛的特产来制作，这在几年前，可是一个颇受关注的话题。济州岛是一个让人迫不及待想去享受休闲时光的地方，同时也是刚好适合我和利特哥的最佳旅行目的地。

BY 厉旭

ENJOY

比想象中难找到
出路的金宁迷宫公园

FEELING

在闲适的东海岸
上遇到的民宿

ENJOY

只闻味道就会让人
口水直流的苹果芒

ENJOY

利特哥似乎在烤黑猪
肉上也蛮有天赋

ENJOY

听说鱼很容易
上钩来着，难道只是
我们钓不到吗

FEELING

这就是所谓济州
的大海

MAP & INFO

去往济州岛旅行时，一般定制的日程会分为，以岛屿间的汉拿山为基准划分的东部海岸和西部海岸以及位于南海岸的西归浦市和中文旅游区，再然后便是位于济州岛周边的岛屿群。

从济州岛国际机场出发，先沿着与涯月邑到翰林邑公路相接的西海岸公路行驶，路过位于南海岸的中文旅游区和西归浦市后，再沿着山城邑、牛岛以及东部的沿海公路一直行驶，便可以环绕济州岛一周。如果要将处于济州岛中心位置的汉拿山以及其周边的内陆地区全部一一环视的话，即便是3天2夜的时间也是不够的。因此，最好是能根据旅行者的兴趣来调整一下日程。一般我们会较为推荐只集中于一两个景点来进行参观。

一直久负盛名的济州岛，自然景观数不胜数。东部海岸聚集着各种小村庄和各式各样的咖啡厅。西部海岸不仅拥有美丽的风光，还可以为你提供简单温馨的闲暇时光。南部海岸聚集着各式酒店、度假村、风俗民宿、免税店等，还有具有代表性的各种文化设施场所。而济州市的每个角落都隐藏着各种有趣的地方和美味的小店。甚至，在临近的岛屿群上，也有着和济州岛不同韵味的别致风景。无论你是到济州岛的哪一个地方旅行，都绝不会感到后悔。

德勒分校

西部海岸

乐天酒店济州岛豪华野营

OSULLOC TEAHOUSE博物馆

金宁迷宫公园

HAMPDNE石屋

济州市

龙头岩

韩国马球国家俱乐部

东部海岸

城山日出峰

山君不离

汉拿山&

芒果农场

南部海岸

东部海岸

EAST COAST

以济州岛国际机场为基准，一直沿着东边海岸的公路走，会看到碧绿的大海一直延伸向前，没有尽头。据说东海岸的开端是咸德里的海水浴场，背景是湛蓝色的天空和大海，穿过有很多巨大白色风车群聚集的风力发电场，便是闲适静谧的临海小村庄——杏源里。在那里有很讨人喜爱的咖啡厅和民宿，能够使游客心情愉悦。相比在涉地可支和城山日出峰里只能忙碌地爬上爬下，倒不如换一个思路，就会发现那些风景中蕴藏着的另一处济州岛秘境。有时间的话，一定要坐上从城山日出峰的码头出发的船，沿路一直到达牛岛，往返不会用太多的时间。这里有韩国其他地方看不到的珊瑚礁海域，同样也是一望无际的。距离沿海公路不远的内陆地区，坐落着金宁迷宫公园，而附近的韩国马球国家俱乐部也是一个不容错过的好去处。

东部海岸旅行推荐路线

13千米/驾车20分钟

在咸德海水浴场体验泛独木舟　　　　去马球竞技场散步

8千米/驾车15分钟

250米/徒步5分钟

在Hampdne石屋附近的民宿客栈　　　尝尝加入各种海鲜的
稍作休息　　　　　　　　　　　　海鲜拉面和煎海鲜葱饼

16千米/驾车20分钟

7千米/驾车15分钟

登上城山日出峰　　　　　　开卡丁车和参观涉地可支

ENJOY

#01

骑着马驰骋原野

马球是马术运动中的一种。为
了争夺胜利，两方队员要骑
在马上，手握木质的棍状马球
杆，奋力地把球击打入对方的
球门。虽然听起来会感到些
许陌生，但是它在欧洲和其他
亚洲地区已经家喻户晓，成
了一项颇受欢迎的竞技运动。
位于济州岛旧左邑的韩国马球
国家俱乐部，是韩国唯一一个
得到国际认证的马球竞技场。
虽然平时大多使用会员制来运
营，但如果刚好有恰当时间，
也可以观看到一场精彩的马球
竞技。

BY 利特

利特先生，首先从服装开始装备怎么样? 虽然您今天来时穿的衣服看起来也
很不错，但在进行竞赛时是应该穿着比赛服的，所以您原来的衣服对于今天
学习马球之后的马上比赛会不太合适……
先到更衣室那边，从骑马用的专业长靴、起保护作用的安全帽和马球专用的
马球杆开始挑选如何?

可是教练，
马球杆是什么东西呢?

把它看成是在进行马球竞技时，
要使用的木质棍棒就可以了。

啊~原来是这样的。靴子280码的就行,安全帽就选白色的戴就可以了。

靴子和安全帽都选好了。要不要再看一下马球杆呢? 您的手臂应该是属于比较偏长的对吧?

以我的身高来说的话,应该不算短。这有什么关系吗?

因为马球杆的长度是要根据马的大小和选手手臂的长短来选择的,这样才能很好地击打到地面上的球啊。

现在来教下你握马球杆的方法。一般用右手握住马球杆，左手要抓牢缰绳。球杆手柄的末端连接着一段皮质的绳套，把它挂到大拇指上，然后手腕向后绕一圈，再用手抓紧马球杆的手柄。

把绳套在手腕上绕一下以后，确实觉得更有安全感了呢。

比赛时，要是马球杆掉了可不行。所以在击球时，不要用长得像锤子一样的马球杆头部的两端，要用和木杆相连的中间部分来击球。

像这样吗? 现在我们是要去露天的竞技场了吗?

我们已经准备好这里最温顺的马了，过去试一试怎么样?

始源啊~我是利特哥啊!
今天不知怎么,你看起来显得格外孤单呢!

喂,哥在和你说话呢,你怎么不回答呀?

马的鼻子好软哦~看他的眼睛，真的是非常温顺的样子！

慢慢地骑到马上后，用手抓牢缰绳。向左转时用左手收紧缰绳，向右转时用右手收紧缰绳。

哇！好神奇啊。马真的会很听话吗？大概要经过多久的练习，才能像真正的选手一样，那么起劲儿地边骑着马奔跑边打马球呀？

如果坚持不懈地努力练习的话，是有可能的哟~

看来要坚持好几个月……要走的路还很长啊！哈哈。

韩国马球国家俱乐部

2010年6月，在济州岛的旧左邑建成的韩国马球国家俱乐部，是韩国唯一一个得到国际认证的马球竞技场。它具备规模比足球场大6倍有余的绿荫竞技场和室内马球竞技场、俱乐部会馆、游泳馆和网球场等设施。虽然马球的培训是以会员制来运营的，但是只是单纯入场的话是免费的。由国际建筑设计师伊丹润（日本）设计的俱乐部会馆、水榭等建筑物，连同美丽的绿草坪一起展现了一道特别具有异国风情的美丽风景线。

· **ADD** 济州岛济州市旧左邑杏源里3266
· **TEL** 064-784-9020
· **WEB** www.koreapoloclub.com

ENJOY

02

在这里，哪怕是迷了路也很美好

在找出口时，竟然迷迷糊糊地迷了路。原来，在济州岛聚集着很多可以在不知不觉间放松身心的地方，迷宫公园正是这样的一个地方。1983年，以韩国最初开放的金宁迷宫公园为开端，很多利用济州岛特有的自然环境、有着多元化主题的迷宫公园也开始一一建成。也多亏了这样，现在大家可以根据自己的喜好来选择去处，然后进入其中去尽情享受。

BY 厉旭

SUPERJUNIOR's EXPERIENCE KOREA

啊~好清爽的香气……
要走走停停，慢慢地寻找前面的路才行！

繁茂的树木和青绿的草地是我喜爱济州岛的最大理由。

济州岛的迷宫公园是由四方形的绿草环绕围成的。到处都充盈着新鲜泥土的芬芳，同时，眼睛也能得到一次舒爽、放松的体验。上一次和父母来旅行时并没有来这个迷宫公园，所以这次就和想尝试马球的利特哥分开自己一个人来到了这里。一直觉得迷宫公园特别大，应该会很复杂，但其实迷宫本身并不是这个样子的。它的繁复程度刚好可以让你在享受周边环境的同时，慢慢地寻找出去的路。

SUPERJUNIOR's EXPERIENCE KOREA

手里拿着在迷宫入口买的仙人球冰淇淋，甜甜的味道让我爱不释手。闻着从周边庭院中涌来的小草的味道，慢慢地试着寻找前方的出路。突然发现，这并不像是爱丽丝梦游的仙境，而是像在彼得潘散步的林间。最后在找到出口的时候，用力地敲响了出口的大钟。

听说可以在5分钟之内找到出口并敲响大钟的概率为5%，在1小时之内可以敲响大钟的概率为95%……我自己一个人在30分钟内就找到了出路。这样来看，我应不应该算是寻路达人呢？

金宁迷宫公园

金宁迷宫公园是韩国最早的迷宫公园。它是由已经退休的济州大学的美国籍教授达斯汀先生自1983年起，亲自挑选土地、栽种、打理而建立起来的。由国际著名的迷宫设计师安德烈·费雪以整个济州岛为模型，花了3年的功夫最终设计完成。整个迷宫与济州岛的形态相连，迷宫各处之间还隐藏着各种小马和古人造型的的小塑像。尽管近几年在济州岛又建成了10余座迷宫公园，但这里依然是首屈一指的地方。

· ADD 济州岛济州市旧左邑万丈窟路122
· TEL 064-782-9266
· TIME 08:30~日落（夏季22:00）
· PRICE 成人3300韩元，青少年2200韩元，儿童1100韩元

MAZE LAND（迷宫公园）

2011年开始营业的MAZE LAND是利用济州岛的风、石头、女人三个象征物建造的迷宫。济州岛原被称作三多岛，因岛上石头、风、女人很多而得名。其中石迷宫是由可以释放远红外线和负离子的石头构成，风迷宫和女子迷宫是由植物杀菌成分含量很高的侧柏树、茶梅、柯兰提树构成的。为旅行者们提供了最具济州岛范儿的治愈系空间。

· ADD 济州岛济州市旧左邑榧子林路2134-47
· TEL 064-784-3838
· TIME 09:00~18:30
· PRICE 成人8000韩元，儿童5000韩元

离济州岛大海
再近些

还有另一个方法，可以更近地感受济州岛的大海和山涧。这个方法就是乘坐橡皮艇。橡皮艇中空的设计可以使船很好地漂浮在平面上。即使遇到较大的风浪也不用担心会翻船，是一项相对安全的休闲体育运动。掌握方法也很简单，大部分游客经过5~10分钟的教学后，就可以尽情去享受划橡皮艇的乐趣了。济州岛最有名的划橡皮艇的场所便是咸德海水浴场和牛沼河口。你既可以在咸德海水浴场的碧绿海面上，也可以在大海与山涧相接的牛沼河口的神秘翠绿的水面上慢慢地划桨前行。

BY 利特

咸德海水浴场

咸德海水浴场坐落在离济州市相隔几条街的不远处，在济州岛上，它是首屈一指美丽的海水浴场。白沙滩向陆地缓缓延伸，不会因大风受到很大的影响，所以大海会一直保持着风平浪静的状态。它的水也偏浅，很适合划橡皮艇。划艇的费用中还包含了防水服、救生衣、洗浴设施等的使用费。

· ADD 济州岛济州市朝天邑坪沙路19
· TEL 064-711-1786
· TIME 日出~日落（3~10月）
· PRICE 划艇17000韩元（1小时），踏板快艇25000韩元（30分钟）

牛沼河口

在孝敦川和大海相接的点上，便是美丽的牛沼河口。在牛沼河口乘坐上透明的橡皮艇，可以同时观赏到山涧和大海的美丽风景。虽然划艇的路线并不是很长，但是可以在神秘碧波照耀下的橡皮艇上放松身体，悠然自得地观赏奇岩异石和茂密丛林的绝景也是极好的。

· ADD 济州岛西归浦市孝敦路170
· TEL 064-732-9998
· TIME 日出~日落（3月~10月）
· PRICE 划橡皮艇 成人7000韩元，学生5000韩元

TASTING

#01

把济州岛"塞进嘴巴里"

坪岱里是一个坐落在东部海岸的很小的渔村。它虽然与城山日出峰和中文旅游区等有名的观光地等相距甚远，但从前几年开始，到这里游玩的游客就已经络绎不绝了。其实，那是因为这里的海鲜拉面充满着济州岛的味道，并且人气极高的原因！这里有放入6种海鲜的丰盛的海鲜拉面，有达2.5厘米厚的济州岛最大的煎海鲜葱饼，有原汁原味的鲍鱼拉面，还有越嚼越入味儿的新鲜章鱼烩。不管你选了菜单上的哪种来品尝，都可以大快朵颐。

BY 后119

虾、扇贝，连鲍鱼都有！
哇~这真的是拉面吗？
怎么拉面里面海鲜比面还要多呀！

一般在喝拉面汤的时候，都会尝到很重的调味料的味道。

可是这里的海鲜拉面不一样，即使是只喝一口汤汁，那种清爽的味道也会在口中散开。就好像这并不是拉面汤，而是海鲜汤一样。

我真的惊呆了，甚至利特哥都不在，我自己一个人也会不停地发出一连串的感叹词。

这个味道，和从前每到这个季节，妈妈去海边买各种海鲜回来后，亲自煮出来的味道一样。

不知道这相同的味道到底是怎么做出来的，真是感觉太神奇了。

以后，一定要再和父母一起来济州岛旅行一次。

去骑马的利特哥什么时候才能回来呀？

肚子好饿~这样下去也不是办法，我还是先吃午饭吧！

这到底是煎饼还是蛋糕呀？快看看这煎海鲜葱饼的厚度！

等候没有口福的利特哥中⋯⋯

迎日休息站

它是位于小渔村坪岱里的一个海鲜拉面专营店。虽然食物种类只有我介绍的这些，但是它有清爽的拉面和社长大方热情的心。若是到济州岛来旅行，这里是一定要去的地方之一。所有的餐点给的都很足量，不仅味道很好，而且价格也很低廉。

· ADD 济州岛济州市旧左邑日出海岸路1116
· TEL 064-782-7875
· TIME 10:00~19:00
· PRICE 海鲜拉面5000韩元，鲍鱼拉面8000韩元，煎海鲜葱饼10000韩元，章鱼烩20000韩元
· WEB blog.naver.com/pdbada2011

在济州岛上
吃了又吃

现在就来看看以各种形态演化而成的济州岛的特产吧！首先是用济州岛土生土长的大麦和青蒿制作的馒头，然后是在济州岛产的橘子和猕猴桃中放入有机糖后，精心制作而成的手工果酱，济州岛的胡萝卜以含糖量很高而闻名，在保持了胡萝卜的原味后，制作成了美味的胡萝卜蛋糕，最后还有喝起来可以感觉粒粒分明的济州蜜桔汁。它们都是美味中的美味，是吃到饱之后却依然还想再吃的美食。不仅这样，价钱也不会太贵，不妨一试哦！

新村德仁堂大麦馒头

很久以前，因为济州岛土壤的原因，米产业开始变得不景气，连要在祭祀桌上摆放的米饭都要用馒头来代替。因为一直延续着这种习俗，美味的馒头开始在济州岛变的很有名。而在《我的文化遗产寻访记》中也有所提及，由于这种传统和馒头的美味，各种大麦馒头开始得到了大家的认可，人们都想尝一尝用济州岛原产的大麦和青蒿制成的健康美味的馒头。德仁堂里的馒头种类多样，不仅有无任何添加的原味大麦馒头，还有加入了甜甜红豆的红豆大麦包；而散发着青蒿清香的青蒿馒头，人气也很旺。

·ADD 济州岛济州市朝天邑新村2街13
·TEL 064-783-6153
·TIME 07:00~19:00
·PRICE 原味大麦馒头500韩元，红豆大麦包600韩元，青蒿馒头400韩元

济州PAPA 100%有机果酱

济州PAPA是一个以作父亲的心情、将洁净的天然健康美食制作后推出面世的有机食品专营公司。它以蜜桔和猕猴桃制成的果酱而闻名遐迩。济州岛是韩国猕猴桃和蜜桔的最大产地。在有机栽培的蜜桔和猕猴桃中加入有机糖，最终精心制作而成了果酱。若想购买的话，可在西归浦市的济州PAPA民宿和在旧左邑名为"BILLETT的后厨"的民宿中购买。此外，还可以通过济州PAPA的主页在线购买。

·ADD 济州岛西归浦市城山邑环海长城路496
·TEL 070-8682-6677
·PRICE 果酱（360克）10000韩元

HOUSE RECIPE

在济州岛可以品尝的另一种美味，就是天然胡萝卜的味道。胡萝卜蛋糕是HOUSE RECIPE的招牌美食。利用水分和糖分都超高的胡萝卜制成的胡萝卜蛋糕，就算是只放一点点糖，它的甜味也是很出众的。这里的蛋糕分三种尺寸，里面加入了鲜奶油和奶酪。胡萝卜蛋糕的美味经大家的口口相传之后，虽然从全国各地的订单都纷沓至来，但是在HOUSE RECIPE享受的话，会是别有一番风味。想象一下在类似于自家小区中的超市一样的地方，路边摆放着座椅，休闲地品饮一杯温暖咖啡的同时享用胡萝卜蛋糕，它的味道当然会变得更加特别。

·**ADD** 济州岛济州市翰林邑日柱西路5892
·**TEL** 064-796-9440
·**TIME** 10:00~20:00（星期二休业）
·**PRICE** 胡萝卜蛋糕35000韩元（大），25000韩元（中），11000（小），
　　胡萝卜松饼5000韩元（4个）

3

LAZY BOX

以"达到闲暇和偷懒的境界"为座右铭的LAZY BOX，最引人瞩目的便是济州胡萝卜果汁、济州汉拿峰果汁、济州蜜桔果汁、济州胡萝卜蛋糕和一些全部用济州岛的水果蔬菜制作而成的餐点。用当季的水果，不经任何加工，直接榨取的新鲜果汁，有着让本想来喝咖啡的客人改变心意、变成喝果汁的强大魅力。而这里的胡萝卜蛋糕的诱惑也是无法抵挡的。想象一下拖着沉稳的步伐走到山房窟寺回来后，让疲惫的身躯靠在椅子上，喝着胡萝卜果汁眺望窗外的远方，该是多么的惬意。而LAZY BOX便是可以实现这一切的地方。在这家店的不远处也一同经营着方便游客的民宿。

·**ADD** 济州岛西归浦市安德面山房路208
·**TEL** 064-792-1254
·**TIME** 10:00~19:00
·**WEB** lazybox.co.kr

4

FEELING

01

连风都要停歇的地方

济州岛的传统屋舍为石屋。因为考虑到济州岛的多风气候，才选择了用石墙来砌成房屋。今天要去的地方，是按照传统石屋的样子而改造成的民宿。石屋的名字是从很久之前流传下来的，到现在它依然保留着传统简朴的样子，拥有雅静的休息空间，甚至还具备着可以一眼望尽大海风景的特征。虽然没有做特别的宣传，但是却因为那些闻讯自己找来的旅行者们渐渐声名远扬。而且很意外，虽然人很多，这里却依然可以感觉到安静闲适的济州岛东部海岸特有的情趣。

SUPERJUNIOR's EXPERIENCE KOREA

蝴蝶呀~蝴蝶呀~快往这儿飞。

小不点儿，跟着哥哥们一起唱首歌吧。但是你怎么变得这么黑呀？

像颗小黑豆儿！

是因为在济州岛玩才这样的吗？真好呀……

利特哥, 你是怎么知道的呀? 这小不点儿的外号就叫黑豆。
可爱吧? 原本叫旋律的!

名字也太美了! 意思是指流淌的旋律对吗?
对了, 黑豆的别名是谁给起的? 真是太适合了。
可是厉旭呀, 旋律好幸福啊。

怎么说呢?

是说他可以在济州岛生活呀~
家门前竟然有这么美丽的大海⋯⋯
只要是天气好的时候, 随时都可以出去玩!
我小时候就想生活在这样的家里。

我还想你说什么呢, 原来是这个啊。
我也觉得要是能在这里生活就好了。可小时候已经过去了, 不如现在吧?

厉旭, 你这个想法不错。
你在这里安个家, 以后可以招待我!

利特哥, 要不咱俩一起投资吧, 你看怎么样?

咦? 我耳朵怎么突然不好使了?
小旋律呀, 你最喜欢SJ里面的哪个哥哥呀?
什么? 利特哥? 对吧, 我就知道是这样!

SUPERJUNIOR's EXPERIENCE KOREA

雨停之前，我们先在这里等等吧。厉旭呀，你从前有过像这样，悠闲地站在屋檐下等着雨停的经历吗？

这种天气的话，要么淋雨演出，要么干脆不工作，一般会在这两个里头选一样吧……能来旅行真好啊！

好像已经有好几年没这么认真仔细地看雨滴了。雨水一直是这么美丽的吗？

哥，你诗兴大爆发啦？再这么下去，该不会真要写首诗了吧？但是哥，你为什么突然抓住我衣领往屋檐外拖啊？

厉旭啊，因为你哥我现在诗兴大爆发了呀！哈哈哈……

呜哇~快看屋檐下面挂着的雨滴!
厉旭啊, 要是我把雨水都晃下来, 你会生气不?

厉旭呀, 在这种雨天, 连穿着雨衣来回跑着玩都很有意思,
可是咱们是不是有点像邻村里的傻大哥呀?

还真是, 名字也降级成特大傻和旭大傻?

SUPERJUNIOR's EXPERIENCE KOREA

利特哥，除了酒店，你有没有在这种民宿里面过过夜？

记忆有点模糊，但好像是有过。厉旭，你呢？

我一个人去欧洲旅行时住过。

对了，还有人看着我说我长得很像利特呢。我就说很多人都说我看起来像他，然后含混过去了。

是么？和利特有那么像吗？

利特？啊~你是说在SJ里面长得最帅的那个小伙子吧？是啊是啊，常听人说呢。

利特哥，你可真是自恋啊……你在看什么书呢？《今天也选Rail-ro火车》？那不是一本关于Rail-ro火车旅行的书吗？可是哥你为什么要看这本书呀？

怎么？这书我不能看吗？

倒也不是。要使用Rail-ro的通行券的话，哥你的年龄有点那什么……

我年龄怎么了？等下，上面写着不分周几，一周7天均可自由使用56500韩元。晕！使用对象？未满25岁？啊呀~真是太过分了！

SJ里面能用的成员估计应该……没几个吧。

HAMPDNE石屋

有这样一个家庭，他们一直向往着可以住在一个温暖的地方，每天遇见不同的人，做不同的事。于是，放弃了安稳的PD工作，从首尔搬到了济州岛上的一个小村庄。他们就是这家名为"HAMPDNE石屋"的主人们，夫妇二人和他们的女儿旋律。同为PD出身的夫妇俩来到了济州岛，并且买了一座石头砌成的房子当家，就因为这样单纯的理由，他们就把房子命名为"HAMPDNE石屋"。四方形的绿草坪铺满了庭院，包围着四个大小不一的客房。除此之外，它还有着可以观赏到近在眼前的大海的露天阳台，和有着壁炉的咖啡馆。

· ADD 济州岛济州市旧左邑鸡龙街26-9
· TEL 070-4383-0104（13:00~18:00），010-8790-2010
· WEB www.hampdnedolzip.com

利特哥，加油！

呃！等一下！还有HANARO和DASONY这两种票呢！

啊哈～这个26岁以上也可以使用啦！

去看看济州岛的民宿吧

就全国来说，应该没有比济州岛的民宿更生活化的了。也许是因为有很多年轻旅行者们自发而来的原因，济州岛上形态多样、造型独特的民宿渐渐多了起来，它们个个都很引人入胜，个个都个性鲜明。吸引客人的点子也很丰富多样，像是将西藏原封不动地搬来的民宿，和济州岛的石屋造型几乎一样的民宿，贩卖各种造型好看的CUP CAKE的民宿等等。若是你来了济州岛，那么 就先从可以碰撞到自由灵魂的民宿开始游览吧。你一定会迷上它们的。

西藏风光

在中国西藏相遇并结婚的一对夫妇，回到济州岛定居后便将整个西藏的元素加注到了自己所经营的这家民宿上。这里是一个哪怕是你独自来旅行也不会感到孤单的地方。

· ADD 济州岛西归浦市安德面栏德日路21-10
· TEL 070-4234-5836
· WEB cafe.naver.com/tibetscenery

反常的盐田

独特的名字和接地气儿的装修使得这家民宿让人印象深刻。而且它就在偶来路1号线路的附近，所以去偶来路散步也是无比方便。

· ADD 济州岛济州市旧左邑终达洞街36-10
· TEL 010-4666-0848
· WEB www.mysterysalt.com

LEELEE STORY

这家民宿坐拥一个极佳的地理位置。它不仅距离挟才海水浴场和金陵海水浴场非常近，而且去偶来路散步也很方便。更别提这所民宿的主人会亲自制作出特别美味的CUP CAKE了。你可以品尝一下这里的地瓜CUP CAKE、青葡萄CUP CAKE、胡萝卜CUP CAKE等无人工色素和化学添加剂的各种口味的CUP CAKE。它们都是选用济州岛新鲜的食材制作而成的健康甜点。

· ADD 济州岛济州市翰林邑金陵6街22
· TEL 070-8900-1278
· WEB leeleestory.com

PAGE U

这家民宿坐落在楮旨里文化艺术村。在这里，到处都能感受到文化艺术的气息。而近在咫尺的现代美术馆和方林园更加可以满足你向往艺术的内心渴望。时髦的装潢和看似不经意的摆设，使整个民宿都充满着一种洒脱的意境。

· ADD 济州岛济州市翰京面楮旨14街47-2
· TEL 010-2607-1322
· WEB cafe.naver.com/pageu

慵懒的雨

这是一所将柱子、橡条、木板等元素全部原封不动地搬来，仿照济州传统的石屋而建成的民宿。这里的魅力不仅是保留了原有的传统味道，还有加入了很多便民的现代化设施。其实，这里最大的亮点是在檐廊上挂着的像画一样美丽的藤蔓。靠在檐廊的椅子上坐下，看看书、喝喝茶都是极好的。什么都不干，只是偷懒就可以了。

· ADD 济州市旧左邑鸡龙街45-6
· TEL 070-8823-2456
· WEB cafe.naver.com/jejusonagi

春花

英国籍的丈夫和韩国籍的妻子一起创办了这个有着家一样感觉的民宿。整栋民宿都是用有30年以上树龄的木材建造，并且独栋而立，看着它就会有种莫名的亲切感。虽然外观称不上明快，但因为它有着非常温馨的氛围，在国内外旅行者中人气很高。

· ADD 济州岛西归浦市大静邑新荣路71-3
· TEL 064-792-6008
· WEB www.gojejuguesthouse.com

PIUDA

在葛札瓦美丽的偶来路14-1的入口处坐落着一处看似学生宿舍的民宿。它大概有3间1~2个人使用的客房。因为有着不逊色于酒店的服务和住宿设施，让它变成了一个会让人想要再次体验的地方。

· ADD 济州岛济州市翰京面楮旨12街60-4
· TEL 010-5358-0561
· WEB www.piuda.co.kr

LUCID BONBON

这座民宿因为那可爱而吸引人的室内装潢，在很多女性旅客中有着相当高的人气。若你可以在由很多像波兰器皿等异国风情的小物件装扮的一家咖啡店里，把咖啡和烤土司当做早餐，慢慢品尝，任谁都会觉得这是一个不得不爱的好地方。

· ADD 济州岛西归浦市大静邑上毛路200-8
· TEL 010-6388-8037
· WEB www.lucidbonbon.co.kr

HELLO MAY

西归浦市交通便利的地区，也可以说是游览济州岛一带和眺望大海的好地点。许多到过这里的人都说这里不仅干净明亮，而且还能得到异常热情的招待。

· ADD 济州岛西归浦市南元邑新礼里11街9
· TEL 010-3242-8757
· WEB www.hellomay.co.kr

FEELING
#02

清晨，与济州岛初升的太阳邂逅

城山日出峰和涉地可支可以称作是济州岛的代名词，永远熙熙攘攘的人群，让这里一直被旅行者们视为观光胜地。若你不想被嘈杂的人群淹没，追寻一个像画一样可以让你完全沦陷的佳境，那么就在清晨过去看看吧。大自然赐于的城山日出峰和涉地可支的绝景一定会牢牢地抓住你的眼球。

涉地可支

岬为海边上的一处凸出的地形，可支是济州岛地区岬的方言。正如它的地名一样，涉地可支就是在济州岛东部海岸末端单独凸出来的地方。在《洛城生死恋》等多个电视剧中，以它为背景拍摄出的画面成功地为它自己赢得了很响的名气。但是若只是以观光地点和拍摄地点来介绍涉地可支的话，其实会显得有些不足。涉地可支不仅有着开阔的草原和宽广的海边，还有着只看一眼就能令人晕眩的峭壁，更别说那些一年四季都有着不同美丽面貌的各种风光了。在涉地可支到处都耸立着具有国际性设计水准的建筑物，其中以冥想展览馆的守护神等建筑最出名。而这些具有独到的艺术气息的建筑物，对于到这个地方旅行的游客们的身心也是一种享受。如果从洛城生死恋之家和凤凰岛的入口进到涉地可支的话，那么这两个景点的入场卷就都是免费的。而"洛城生死恋之家"就在涉地可支的入口的前面。若在凤凰岛的话，可以搭乘电动卡丁车，或者借一辆电动自行车来参观涉地可支，这样的话会更加的方便和节省时间。

涉地可支入口

· ADD 济州岛西归浦市城山邑古城里
· TEL 064-782-2810
· TIME 09:00~18:00

凤凰岛入口

· ADD 济州岛西归浦市城山邑涉地可支路107
· TEL 064-731-7762
· TIME 09:00~18:00
· PRICE 电动卡丁车30000韩元（1小时），电动
　　　　自行车18000韩元（1小时）
· WEB www.phoenixisland.co.kr

城山日出峰

说起城山日出峰，大家都知道它是去济州岛时一定要去的地方，但其实它作为环保地的意义也很重大。因为它是济州岛唯一的一座由海底火山爆发形成的观光地，不仅有着高达127米的火山口，还保留了韩国所有海洋生物的代表性特征。同时，它也是韩国新种海藻类的原产地。因此，它被指定成为了"济州纪念物"和"天然纪念物"，并受到了保护。2000年时，联合国教科文组织(UNESCO)将城山日出峰登记为世界文化遗产。很久以前，城山日出峰是一座岛，沙子和碎石经过长时间浪涛的推动堆积，渐渐形成了连通的道路，然后和陆地连结了起来。锋利高耸的山峰好似一座城墙一样雄壮坚固，因此名字中有了"城山"的字眼。而在峰顶瞻望日出的场景，被称作是济州岛10大绝景之最，所以名字中又出现了"日出"二字。走过春天的油菜花田和秋天的芦苇田，站在城山日出峰的顶峰上眺望，济州岛的所有山峰都可以一览无余，而在奇岩绝壁另一边的牛岛，也可以看得真切切。那些隐藏着城山日出峰各种传说的岩石群，也成为了这里的另一个有趣的观光景点。

城山日出峰

- ADD 济州岛西归浦市日出路284-12
- TEL 064-783-0959
- TIME 日出1小时前~19:00
- PRICE 成人2000韩元，青少年(儿童)1000韩元

南部海岸

SOUTH COAST

位于济州岛南部的西归浦市和中文旅游区，不仅有着各种现代化的设施，同时也是长久以来的购物和文化观光的胜地。因为这里有乐天、新罗、凯悦等知名的特级酒店，还有泰迪熊博物馆、声音岛博物馆、太平洋乐园、非洲博物馆等各种主题博物馆，甚至是画廊、如美地植物园、柱状节理、正房瀑布等有名的观光胜地等，也都聚集在附近。而且这里的每个酒店都有着属于自己特有的氛围的庭院和散步路线，所以无论你选择哪一家，都可以尽情地享受在那里的时光。到了不同的时节，各个酒店都会通过提供各种各样丰富的项目，来为旅客增加乐趣和看点。如果你到了中文海水浴场的话，类似于冲浪的各种水上休闲活动也可以为你带来很多乐趣。沿着海岸排列的各种农场里，经营着像蜜桔、汉拿峰、天惠香、苹果芒等各种济州岛特产的采摘项目。西归浦市和中文旅游区是具备着所有可以让人享受的观光地条件且旅行满意度最高的观光胜地。换句话说，只要你选择了这里，保证不会让你失望。

南部海岸旅行推荐路线

20千米/驾车35分钟

在芒果农场摘苹果芒　　　　　　　　　　在乐天酒店体验豪华路营

800米/徒步15分钟　　　　700米/徒步13分钟　　　　徒步5分钟

在南部海岸钓鱼　　　参观中文旅游区　　　在免税店里购物

ENJOY

#01

摘下天上的果实

我是第一次知道，原来韩国也是可以生产芒果的。诚然，苹果芒也是如此。苹果芒经过改良后更加适合韩国的气候，除此之外，它的大小刚好，果汁的味道也非常棒。一般5~7月是芒果的丰收季，几乎只要是尝过这里的芒果味道的人，每年到芒果的产季是一定会再来的。芒果农场一般主要聚集在济州岛的南部，现在的工厂数量还不是很多，而且芒果的价格偏高，采购系统运作也很困难。在芒果农场，闻着甜甜的芒果香气，再看到挂在树上的累累的芒果果实，单单这些就已经成为了我无法忘记的回忆了。

世上竟有这种甜美的味道？

是真的！芒果的味道不是一般的好呀！在济州岛能看到芒果像这样一个个挂在枝头的样子，是我根本想不到的呢。

一辈子只以芒果为食该多好！

哥，刚刚在桌上的芒果可以吃吗？

嗯，太好吃了，所以即便是有点破了的也舍不得扔掉

来，尝一口。

....

太好吃了！

去年和父母来济州岛旅行时就听说这里有个芒果农场，当时就感到好奇。可是因为行程已经订好了，就没有过来。如果知道芒果的味道这么好，无论如何都是要来尝尝的。

一个大芒果要10000~20000韩元，本来觉得有点小贵，但是你看看这个果肉！一点都不白花钱呀。

哥，你的下巴上都沾上果汁了。擦干净，慢慢吃吧！

SUPERJUNIOR's EXPERIENCE KOREA

厉旭的芒果切法课堂

01 因为芒果中间有着很大的一个果核，又大又宽的核，所以要以芒果核为中心，将两边的果肉切下来。

02 不要切断果皮，只把果肉像切腌萝卜块一样的切几下就可以了。

03 抓住有刀口的芒果两端，将芒果皮的中间部分向上轻轻一推。

切芒果的方法，其实是Henry告诉我的！

04 现在吃起来很方便了吧，用叉子或者勺子一口口吃下去就可以了！

上孝芒果农场

当芒果成熟时，它的颜色就会像苹果一样变得红扑扑的，苹果芒就是因此得名。目前这个品种只在韩国的济州岛范围内可以培植。上孝芒果农场是一家专门直销芒果的农场，他们的芒果不仅果实硕大而且糖度也很高。虽然从初春到初秋都是苹果芒的收获季，但是因为他的超高人气，到7月份的时候，所有的芒果就都已经被预订光了。

·ADD 济州岛西归浦市上孝路137   ·TEL 064-762-3160   ·WEB cafe .daum.net/chejumango

ENJOY

#02

毫无准备，才能享受特别的乐趣

提起"野营"这个词，大家都会与浪漫和享受闲暇时光联系到一起。但大家又会有所担忧，"如果不好好准备就出门，就只有受苦和扫兴而归的份儿"。当然，从帐篷到一些琐碎的工具全部都准备好，甚至连它们的使用方法都熟练掌握的话，会更好地享受野营的时光。可是，对于刚开始接触野营的人来说，这一定是毫无要领，而且毫无头绪。那么，我提议大家先去体验下豪华路营。在济州岛的南部，有着可以让你无需准备，即刻出发便能享受到舒适的野营乐趣的韩国代表性的豪华路营。

BY 厉旭

厉旭呀，我以前在节目里头也进行过路营，可是这里为什么这么棒呀！真是太奢华了！

是吧？这里真是路营胜地啊！虽然是在野外进行的，但是这里有着不亚于酒店舒适度的帐篷和美味的野外烧烤。在这里你可以亲自体验一次华丽奢侈的路营了！

啊~原来这就叫豪华路营啊!

是呀,是代表"华丽"的英文单词glamorous和代表"野营"的英文单词camping放在一起,组成的新词。

咱们厉旭知道的东西还蛮多的嘛。可是厉旭,这种滋滋的声音听起来超过瘾有没有?

哥,这味道也真不一般啊!但是这个牛肉是不是该翻面了啊?

嗯,再稍等一下吧。再烤一会,肉汁出来的时候就翻面。总是来回翻肉的话,肉质就会变得有干硬,不嫩了。

果然!讲到料理还得是利特呀!快看那熟练的翻肉手法!

这种熟度怎么样?有点烤过了?刚好?还是再烤一烤?

差不多熟了就放我嘴里吧。

来,啊~(张嘴)

呜哇~肉的味道在嘴里慢慢散开啦!我都不自觉地开始跳起舞来了!

真的很棒吧?

哥, 我还要香肠和龙虾!

等一下! 啊! 龙虾汤已经咕嘟咕嘟冒泡了, 应该可以吃了。先让哥来尝尝看有没有毒啊~呜哇~龙虾真是太棒了。嫩到连皮都可以吃呢! 厉旭啊, 你也来尝尝吧! 啊~~~~

哥, 我都想管龙虾叫哥了! 真是太好吃了啊! 咱们其他成员也应该一起来呀!

咱们先替他们好好地吃, 回去以后再生动地给他们讲解一下就行啦! 快点吃吧, 等下不止烤肉, 还有哈密瓜冰沙呢! 好吃的东西都在等着咱们呢!

哥, 不知道是不是因为在野外吃饭, 真的感觉什么都好吃。

厉旭呀, 不是因为在野外吃所以好吃, 是因为这肉是你哥我给你烤的才好吃呀! 这次来尝尝我喜欢的烤香肠吧!

乐天酒店 济州（Lotte Hotel JEJU）

Glamping是将代表"华丽"的英文单词glamorous和代表"野营"的英文单词camping放在一起，为了口语上方便突出"华丽的野营"这个意思而组成的新词。在Lotte Hotel JEJU里，可以享受到两种主题的Glamping。如果你想在窝棚式的帐篷中痛快地感受大海的景观的话，那就选择海洋野营区（Camping Zone Ocean）；若是你想要在天然青草庭院中停泊着的华丽路营拖车上度过美好的时光，那么就请选择花园野营区（Camping Zone Garden）。在那里会为你提供野外烧烤的所有工具，包括食材和烤架，大家可以简单方便地享受一次美味。除了野营之外，在Lotte Hotel JEJU还可以享受得到其他丰富的休闲活动。

·ADD 济州岛西归浦市中文观光路72-35　·TEL 064-731-4260　·PRICE 2人33万~50万韩元（随时令变动）

哥, 你再稍等一下,
我把料理师的帽子戴上就来帮你!

来吧, 肉都熟了, 你端一下盘子。

哇~看起来很好吃的样子啊!
但是肉切得好像块头太大了。

好吧, 为了厉旭, 我再剪小点儿。

从照片中走出来
享受购物

你知道在济州岛也可到免税店去购物的事情吗？其实我和厉旭也是不久以前才知道这件事的。像乐天免税店一样，位于酒店里面的免税店，主要是济州岛的本地人和外国游客们经常来光顾。如果是韩国人的话，去在济州岛国际机场的免税店和中文旅游区附近的免税店购物就可以了。

BY 利特

哇~那是我们耶！
厉旭，干嘛突然说起什么我们啊？
利特哥，你快抬头看上面！
真的是我们呀！我们居然是这里的模特呢，太神奇了。
所以呀，我要拍几张照片。
那我也得拍一张。

乐天免税店

位于济州乐天酒店（Lotte Hotel JEJU）6层的免税店，对所有的即将出国的韩国人和外国人开放。若是有在免税店购物的打算，一定要带好自己的护照和机票。来济州岛旅行，可以到济州岛国际机场里的韩国人免税店里面消费。但是，在济州岛国际机场里的免税店并不属于乐天免税店，所以乐天免税店的会员卡和优惠券都是不能使用的。

· ADD 济州岛济州市中文观光路72-35济州乐天酒店（Lotte Hotel JEJU）6层
· TEL 064-731-4430
· TIME 10:00~19:00（周六09:00~21:00）
· WEB kr.lottedfs.com/branchMain.jsp

本国人免税店

本国人免税店是指到济州岛旅行的韩国人可以进行购物的场所。只要是即将搭乘从济州岛出发的航班和船次的韩国人，都可以进入免税店购物。JDC免税店位于济州岛国际机场和济州港两处，而济州旅游发展局的免税店则位于济州国际会议中心那里。

JDC免税店

· ADD 济州岛济州市机场路2济州国际机场旅客候机楼1层/ 济州港国际（国内）候船室内
· TEL 064-740-9900
· TIME 02:20~21:00
· WEB www.jdcdutyfree.com

济州旅游发展局免税店

· ADD 济州岛西归浦市中文观光路224济州国际会议中心1层
· TEL 064-780-7700
· TIME 10:00~20:00（夏季21:00）
· WEB www.jejudfs.com

ENJOY

03

想钓鱼，就来济州岛吧

对于钓鱼狂热者来说，济州岛就是一个梦想之岛。济州的大海里有带鱼、大头鱼等各种丰富的鱼种，数量惊人。不仅如此，因为这里冬天也很温暖，所以一年四季都可以来享受钓鱼的乐趣。在海堤和海水浴场岩石附近，都会有一些钓鱼用品专卖店，在那里你可以很容易地就借到一些钓鱼工具。而且，可以提供体验海上乘船钓鱼项目的商家也很多。想要知道在济州岛钓鱼的绝佳地点也不难，只要到海岸公路那边，看到有很多垂钓者的地方，那就是你要找的好的钓鱼位置了！

厉旭呀，这里是不是根本没有鱼呀？

不是啊，哥。我以前在这里钓过鱼啊！

只是钓了鱼，但是没钓到鱼吧？

我钓到了一条鲫鱼！和小臂一样粗的呢！

然后呢？那条鱼怎么样了？

不知怎么，它眼睛看起来好悲伤，我把它放生了。

不是因为鱼太小，而是因为鱼的眼睛太悲伤，所以放生的对吧？可是厉旭呀，其实关于钓鱼，我有个不太好的回忆呢。

哥，有什么不好的回忆呢？

好像是小时候在仁川吧，反正因为那会儿跟亲戚一起去玩，然后用鱼漂钓鱼。

噢，哥用了专业词语哦！鱼漂就是为了尽快知道鱼有没有咬鱼饵而做成的浮在水面上的东西吧？

嗯，那时候不知道堂弟就在我身后，甩鱼竿下去的时候就……

就什么了？不会是我想的那样子吧？

鱼钩就勾到我身后的堂弟的眼睛了。

啊，不是开玩笑吧？那后来怎么样了？

幸好马上就把鱼钩拿出来了，然后去了医院，所以没有发生什么事。但是因为害怕，那次之后都没有再去钓过鱼了。这次大概是20年来第一次再钓鱼了。

不管怎么说，没事儿就好啦。我小时候经常在仁川的月尾岛钓虾虎鱼。
现在水变脏了好多，都没法钓了。

厉旭啊，可话又说回来，
这里是个水也干净、鱼也好抓的地方，对吧？

就是啊！

接驳船上钓鱼

从来没有钓过鱼的初学者可关注一下在接驳船上钓鱼这个活动。它位于正房瀑布和天地渊瀑布之间，可让初学者在西归浦市土坪洞渔场海上100平方米规模的接驳船上享受钓鱼以及潜水的乐趣。捕获到的鱼可以直接在那里做成生鱼片品尝。在7月中旬到11月中旬可以用引鱼灯照明，鱼会因为看到夜间的火光而上钩，从而能够真实地体会一把鱼一半在水里一半在外面的场景。

- ADD 济州岛西归浦市七深里路61
- TEL 064-763-1234
- PRICE 成人30000韩元（2小时），鱼饵5000韩元
- WEB www.bajisun.com

哥，再多等一会儿吧。

厉旭啊，长辈们常说因为在钩鱼时等待鱼儿上钩的过程中可以
自省，所以钓鱼是个很好的休闲活动。虽然只是很短的时间，
但是对于我来说已经足够了。所以啊，现在就……

哥，再等一会儿!

哎呀! 要不要上去呢?

西部海岸

WEST COAST

从涯月海岸道路开始的济州岛西部海岸，虽然没有像城山日出峰或者涉地可支那样著名的旅游景点，但是这里却更能尽情地感受到济州岛的精致魅力。在海岸道路开心地跑步；在挟才或者金陵等地的海水浴场停下车，享受玩水的欢乐；在德勒分校游玩，寻找宝物，寻找出藏在西部海岸的小咖啡馆；看着彼岸让人印象深刻的奇岩铁壁而感叹，虽然想要爬上去并不容易，但是也有让人舒心的风景；爬上山房山，在香气弥漫的绿茶地里采集……西部海岸给予我们的东西虽然不多，但却会有令人无法忘怀的旅行乐趣。

西部海岸旅行推荐路线

山房山旅行考察
—— 徒步5分钟 ——→ 龙头海岸转一圈

1.8千米/驾车5分钟

23千米/驾车35分钟　　　9.5千米/驾车20分钟

在德勒分校游玩　　在OSULLOC TEAHOUSE
　　　　　　　　　博物馆品绿茶　　在咖啡厅里品尝济州岛
　　　　　　　　　　　　　　　　　的特产甜点

MAKING

01

与蕴含海腥味
的绿茶邂逅

在去济州岛之前，我一直以为绿
茶都是一样的。但实际上，即使
是同一个品种的绿茶，吸收多少
阳光，喝怎样的水，在怎样的土
地里生长，都会影响绿茶的香气
和味道。有着世界最高水准的火
山泥、适宜的气候和纯净的火山
岩矾水的汉拿山，与中国的黄
山、日本的富士山被称为世界
三大绿茶产地。在这里，配上四
季吹拂着的海风，能感受到生长
在济州岛上的绿茶的强大的生命
力，海洋的清香似乎也夹杂在海
风当中。

MAKING

01

与蕴含海腥味的绿茶邂逅

在去济州岛之前，我一直以为绿茶都是一样的。但实际上，即使是同一个品种的绿茶，吸收多少阳光，喝怎样的水，在怎样的土地里生长，都会影响绿茶的香气和味道。有着世界最高水准的火山泥、适宜的气候和纯净的火山岩矾水的汉拿山，与中国的黄山、日本的富士山被称为世界三大绿茶产地。在这里，配上四季吹拂着的海风，能感受到生长在济州岛上的绿茶的强大的生命力，海洋的清香似乎也夹杂在海风当中。

锅真的好大!
因为锅很烫,所以要小心手不要
碰到锅,要利用茶叶来翻炒。

利特哥,因为是200摄氏度的高温所以要小心
一点儿!

因为锅很烫,所以我以为茶叶也是很烫的。
结果茶叶比想象中要清爽,像是走进了森林那
般让人神清气爽。

要尝尝吗? 正在焙的茶叶是怎样的味道呢?
丝丝的咸味会在口中一直挥之不去呢。

济州岛的绿茶会带有些海的腥味。
我因为咖啡太苦所以不太喝咖啡。
"有人告诉我说咖啡喝的不是味道是香气。"
绿茶也这样吧。

烘焙咖啡让人感到新鲜,这样焙茶也同样很
新鲜。
烘焙的绿茶比蒸的绿茶更香,一缕缕清香飘散
开来,让人想马上喝上一口。

哥，喝茶的礼节是叫茶道吧？

茶不能像冷水那样咕咚咕咚地喝完。
沏茶跟喝茶的时候需要遵守的礼仪就是茶道
了。需要用好的茶叶、好的茶具，不能用自来
水而要用更好的水冲泡才行。

把茶叶放在茶具中，不能用太热的水，将70摄
氏度左右的水倒进茶具中。

咕噜噜……倒水的声音可真好听。

现在绿茶的味道已经泡出来了，要把茶斟到茶杯里。一定要先在各个茶杯中斟一半的茶，然后再把茶杯斟至八成满。

现在可以喝了吗？
喝茶的时候有什么正确的姿势吗？

右手拿着茶杯，左手托着茶底，
得一边品着茶香一边喝。

比想象中的要香呢，我以为绿茶是很涩的，
但其实很纯粹，而且味道淡淡的。

绿茶雪糕或是绿茶饮料不都是二次加工品嘛。
现在喝的才是绿茶本来的味道。
我现在才知道绿茶是这个味道的了，
这下我好像被绿茶的魅力吸引住了。

这里好像有很多用绿茶做出来的产品。
这个饮料也是。

真的很好喝的样子。
首先这深绿色的是济州柚子和绿茶混合的
柚子饮料，
这个是济州岛兰花跟绿茶混合的绿茶。
这是什么?
有三层颜色可真特别呢!

这个是雪绿茶园设计出来的济州Island Green Tea。最下面棕色的是用红豆做成的济州岛的玄武岩石头，这上面是绿茶，最上面白色的则是形象化的汉拿山的雪。

哇!
真的太有内涵了，看起来也很好喝。

真的是没法用太多的词语来描述，吃进嘴里就能知道那种感觉了。

不需要排毒，
感觉身体都被净化了呢。

面包也要尝尝吗? 绿茶roll cake有着浓浓的绿茶香，中间夹着提拉米苏芝士，所以甜甜的，吃起来一点都不涩。作为甜点真是太棒了!
也不用羡慕外国那些有名但是昂贵的甜点了。

OSULLOC TEAHOUSE博物馆

· ADD 济州岛西归浦市安德面新化历史路425
· TEL 064-794-5312
· TIME 09:30~17:00 (全年无休)
· WEB www.osulloc.com

FEELING

#01

面对天然形成的自然风景

一年四季，不管是一天里的什么时候，在这里都能遇到完全不一样的风景。奇岩绝壁，花一样美丽的山房山，名胜龙头海岸，雪白的白沙滩，还有有着透明海水的挟才海水浴场！顺着西部海岸走，能够体会与这些自然和岁月打造出来的艺术品相遇的心情。

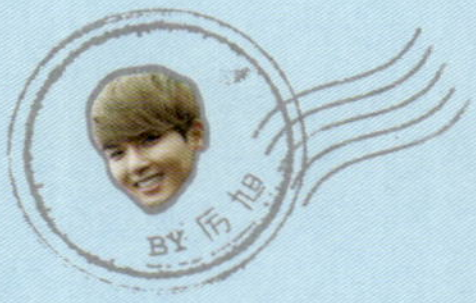

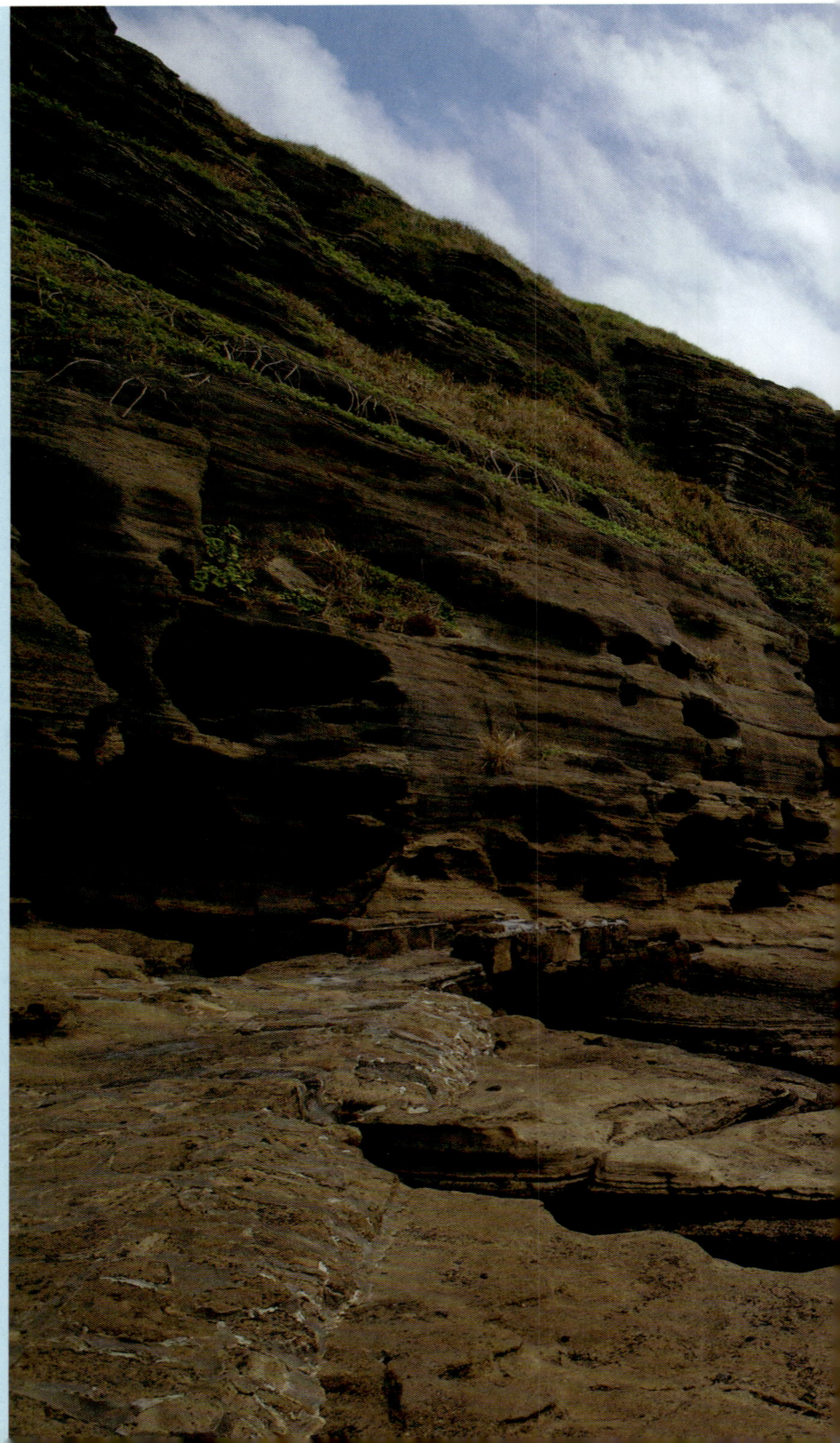

龙头海岸

龙头海岸因海岸的走势像一条龙抬起头跳入海中的姿势而得名。长年累月堆积而成的砂岩岩石在长时间被海浪冲击拍打下形成令人赞叹的美景。岩石层的颜色与外观有在别的地方看不到的特别之处，随着光线与拍摄的相机不同会呈现出各种的颜色。平时能够往下走到海边悬崖，但是在风大的日子里就不能进去了。在入口的地方可以看到1980年由韩国国际文化协会和驻韩荷兰大使馆设立的HAMEL商船展示馆和纪念碑。

· **ADD** 济州岛西归浦市安德面沙溪里
· **TEL** 064-794-2940
· **TIME** 08:00~18:00（根据天气和潮涨落时间而不同）

挟才海水浴场

挟才海水浴场是由银白色的蚌壳粉造就而成的。有适合小孩玩耍的海边和广阔的白沙滩，是家庭旅游者们特别喜欢来的地方。在不寒冷的夏夜里，与月光为友，赤着脚走在浅海的感觉非常特别，还可以看到远处由寄生火山形成的飞扬岛。

· **ADD** 济州岛济州市翰林邑附近
· **TEL** 064-796-2404

山房山

在气候、地貌、语言跟韩国内地都完全不一样的神秘的济州，流传着特别多的传说。其中有个传说与山房山有关。传说，某一天，一个猎人到汉拿山打猎，看到了一只鹿，便急忙拉弓射箭，却误射中了玉皇大帝的屁股。勃然大怒的玉皇大帝抓起了一个很大的器具朝着山扔过去，土地因此陷了下去，于是就形成了山房山。事实上，构成山的岩石或者生态系统都与汉拿山峰顶相似。险峭的山上，奇岩怪石能让人产生奇异的感觉。看到那雄伟的景观，登山者们会在攀登过程中忍不住发出一阵阵赞叹。

· ADD 济州岛西归浦市安德面四季北路
· TEL 064-794-2940
· PRICE 成人2500韩元，青少年1500韩元，儿童1500
韩元（10人以上团体每人减500韩元，包括龙头海岸、HAMEL纪念馆）

莲花池

夏天，在济州岛最大、最深的莲花池里开满了赏心悦目的莲花。整个莲花池分成了睡莲区、黑三棱区和芦苇区等，各个区域里面都保存着多种多样的水生植物和生态系统。2000年，这里被选为绿色湿地生态体验地。可以在去德勒分校的路上顺便看看。

· ADD 济州岛济州市涯月邑下加路附近

隐藏着的少女
感性大爆发

稍有了解济州岛的游客们都称西部海岸是"为怀揣少女情怀的人们而准备的旅行地"。那是因为，即使在姿态朴素的名胜里，也能陶醉其中，感性的游客们喜欢的主题博物馆也都聚集在一起。陷入那葱茏翠绿的光芒中，拥有与绿茶相关的多种多样的体验；从OSULLOC TEAHOUSE博物馆开始，到装满了亮闪闪的玻璃制品的玻璃城堡、泰迪熊博物馆、巧克力博物馆、展示色彩盛宴的德勒分校等等，规模虽然不大，但是一个接一个的唯美博物馆让人目不暇接。

玻璃城堡

位于文化艺术村褚旨里的玻璃城堡，是一座以玻璃为主题的博物馆。在里面能够
看到日本、意大利等世界级工艺制作家所制作出的大大小小、各种各样的作品，
欣赏杰克与豌豆、琉璃小村、玻璃瀑布、玻璃庭院等精巧的作品。还能一起体验
全部用镜子做成的玻璃迷宫。体验项目会根据季节而有所不同，在去博物馆之
前最好先提前咨询好。

- ·ADD 济州岛济州市翰京面绿茶盆栽路462
- ·TEL 064-772-7777
- ·TIME 09:00~19:00
- ·PRICE 成人9000韩元，青少年8000韩元
- ·WEB www.jejuglasscastle.com

方舟教会

方舟教会是不久前去世的建筑家伊丹润的遗作。在2010年第33届韩国建筑家协
会大赏获奖的方舟教会，是由一位因为没有地区教会而心急如焚的事业家所捐
赠，并由于与另一位爱济州岛的建筑家的相遇而诞生。教会做成诺亚方舟主题，
以漂浮在水面上为形态，这个建筑用平静的水和石头代替了一般教会或教堂那
种容易辨峭出的陡峭的天花板和屋顶，与自然协调而产生的美让人们感叹。

- ·ADD 济州岛西归浦市安德面山麓南路762号113街
- ·TEL 064-794-0611
- ·TIME 10:00~16:00 (星期一休息)
- ·WEB www.bangjuchurch.org

涯月小学 德勒分校

走在充满自然色调的济州岛乡村小路上，鲜绿的草地运动场上会突然蹦出色彩明媚
的建筑。这就是下加里的涯月小学德勒分校。2011年德勒分校差点被废校是借着
下加里住房租赁福利才度过了危机，之后在三星电子色彩项目大赏中得奖，被选为
全国著名小学。色彩地理学的创始人、世界级善用色彩的Jean Philippe Lencios
也参与其中。这所学校在2012年建设完成。能展现出晴天、雨天、雪天、夕阳西下
等不一样的天气模样。德勒分校的秋千、跷跷板、滑梯都穿上了跟学校一样的衣
服。在不妨碍孩子们上课的时候一起去欣赏吧！

- ·ADD 济州岛济州市涯月邑下加路195
- ·TEL 064-799-0515

济州市

JEJU CITY

济州市就像是济州岛的边境。如果坐飞机，自然要到济州国际机场，即使坐船去也要在济州港下船。所以如果想要进入济州岛，就必须要经过济州市。跟其他边境城市一样，济州市的交通就不用说了，自然是行政、教育、文化、商业的要塞。原先以为济州市只是交通和便民设施发展得好，单纯是个边境城市。但仔细斟酌后却能发现其不容忽视的魅力。在距离济州国际机场10分钟车程的龙头岩和梨湖海边，在城市建筑之间，隐藏着济州岛无穷的魅力。对于时间不太充裕的游客们，济州市也能对他们起到安抚作用，在这里能品尝到济州岛数一数二的烤黑猪肉、水刺身、肉面条等富有代表性的美食。

济州市旅行推荐路线

3.5千米/驾车15分钟

在龙头岩骑摩托车 ————→ 探访济州岛内隐藏着的餐厅

2千米/驾车5分钟

8千米/驾车20分钟

梨湖海边散步 ←———— 东门市场溜达

ENJOY

#01

全身心去感受
济州的风

全身心感受着济州的风，尽情享
受清爽的摩托之旅，像这样的放
松方式，最近很受瞩目。在济州
岛除了夏天跟冬天以外，不管什
么时候只要有一辆摩托车，就能
够成为"风之子"了。海岸道路
的起点龙头岩，被称为济州岛摩
托之旅的始发站。从龙头岩开
始，向着东面或者西面沿着海
岸道路一直走下去，就能够环游
济州岛了。如果对自己驾驶摩托
车没有信心，或者时间不充裕的
话，十分推荐从龙头岩开始，经
梨湖海边、东门传统市场、山地
川的龙头海岸道路的路线。

BY 刺莉

利特哥, 我知道你会骑摩托车, 但你也骑得太快了吧? 小心点呀!

知道了, 厉旭啊, 我会小心些骑的! 这可太有意思了。
骑着摩托车出来真的太兴奋了!
但是你不是会骑摩托车的嘛, 为什么骑得那么慢呀?

慢慢地骑, 有点紧张呢。

骑的时候就要认真地骑,
我到底多少年没骑过了啊! 实在是太久了!

啊! 厉旭啊, 还记得我们以前在泰国也骑过摩托车吗?

泰国? 对哎! 是为了拍摄广告, 所以所有成员都一起骑摩托车了对吧?

那时候一辆摩托车不是坐了两个人嘛? 又不是情侣还挺奇怪的。

当时大家都很兴奋, 没有想到那些吧……

但是厉旭啊，现在我们是要骑到哪里啊?

龙头岩附近! 这里是济州岛海岸道路的起点。

大家都是在这里借摩托车开始济州岛之旅的啊!
继续走的话就会看到龙头岩吧?

嗯，在那前面，看不到吗? 像龙一样的岩石?

现在还看不出龙头哦! 龙头岩的名字好像是有个传说，说是龙想要升天而未实现，是那样吗?

答对啦! 哥，你是怎么知道的?

名字叫龙的话一般都有那样的传说。但是听了那传说以后，看着那些奇岩怪石就真的像是龙的鳞片了。感觉就像坐在了龙的背上!

哥，再走一会儿就到龙头了，快走吧!

真的太有意思了。
骑着摩托车跑真的太令人兴奋了!

慢慢地骑,
有点紧张呢!

汉拿兜风

这是离龙头岩最近的摩托车厂,很多的博客上都有提及到这个地方。根据发动机类型不同,摩托车的费用也有所不同,提供免费安全保护设施、地图、手机架、物品保管服务等。如果是第一次来济州岛,最好在摩托车厂接受基本的摩托车发动培训、路线指南和简单的安全教育。开摩托车的话必须要有驾驶证,驾驶者满20岁以上才能租借摩托车。

· **ADD** 济州岛济州市龙头岩路50-1
· **TEL** 064-799-0515
· **PRICE** 24小时18000~23000韩元
· **WEB** www.bycrew.co.kr

给时间不足没玩尽兴的游客们带来安慰的济州市美食

很想把济州的每个角落都参观一遍，各种餐厅也想品尝一遍，但是时间却不够，只能去一个地方的游客们，就请留意济州市吧。这里不只是离济州国际机场近，而且还可以品尝到有"济州的味道"之称的、吃过一次就无法忘怀的黑猪肉、水刺身等美食，许多有名餐厅都隐藏在各个角落里。如果连那样的空闲也没有，那就直接去餐厅聚集的东门市场就可以了。在咖啡馆MANIA能够享受到济州岛的味道，不要放过探寻咖啡馆的机会哦!

BY 厉旭

黑猪肉

在济州岛，比牛肉更出名的就是猪肉，特别是济州的黑猪肉，肌肉里的脂肪含量更高。因为养在很干净的地方，不仅肉有嚼劲，而且很美味，加上营养价值丰富，所以很受欢迎。以前在猪圈旁边会设一个传统式的厕所，猪都是吃人粪养大的，因此又把这些猪叫粪猪，但是现在已经不再这样养了。在济州岛逛的话，映入眼帘最多的就是黑猪肉专营店的招牌，但事实上在济州岛吃到的黑猪肉大部分混了一半以上其他地方的猪。如果觉得不放心的话，推荐去济州市的NEULBOM黑猪肉店，香喷喷的烤黑猪肉和搭配在一起的小菜都很好吃，是济州岛居民推荐的地方。

1

Neulbom黑猪肉

- **ADD** 济州岛济州市汉拿大学路12
- **TEL** 064-744-9001
- **TIME** 11:00~23:30
- **PRICE** 黑猪五花肉·调料排骨1人份11000韩元
- **WEB** www.jejuneulbom.co.kr

东门市场

东门市场是在济州留下的常设传统市场。虽然东门常设市场是从1945年9月之后开始形成的，但是1945年发生的火灾使得市场搬迁到了现在的地方。到了冬天，这里的每个店铺都会把桔子堆得像小山坡一样，让人真实地感受到济州岛。除此之外，东门市场也卖各种各样的农副产品，住在济州市附近的旅行者们，为了买到新鲜的海产品也会来这里。市场里面的米肠小吃店、黑糯米糕店、面食店等，都因美味以及待人厚道而出名。这里价格便宜，让人可以毫无负担地进去，美美的享受一顿美食。

· ADD 济州岛济州市观德路14街20
· TEL 064-752-3001
· TIME 09:00~19:00
· WEB dm.market.jeju.kr

济州CHOCOART

如果到了济州岛，比起去全世界哪儿都有的STARBUCKS、COFFEEBEAN，去看看济州的CHOCOART怎么样？这是一家充满香气、能够享受咖啡、甜滋滋的手制巧克力曲奇和各种蛋糕的巧克力咖啡馆。济州岛的地势比较高，为了利用好天赐的观光资源和灵活的饮食文化，它则在一个开放的地方举办了一场以济州岛为主题的巧克力艺术展示会。努力地让大家知道如榧子果实和牛岛花生做成的巧克力等美味都藏在济州岛。

· ADD 济州岛济州市东光路6
· TEL 064-721-3337
· TIME 11:00~23:00
· PRICE 滴漏咖啡 4000韩元起，巧克力套装10000韩元起
· WEB www.jejuchocoart.com

水刺身

过去没有特殊冷藏保鲜设施的时候，水刺身是济州岛的人们为了在夏天能够享受得到生鱼片而做出来的。济州的水刺身是与放了大酱的水和蔬菜混在一起吃的，与济州传统饮食"刺身汤"做法相似。特别是和酱坯以及大麦饭发酵后得到的米醋放在一起，即使有点儿酸酸的，但是吃完后清爽的味道真的是绝了。在水刺身里加入的生鱼片，像鲍鱼、平鲉等都在菜名前写着。在济州岛建入洞的SANJIMUL餐厅，是以好吃的水刺身而出名的，而且也是平鲉水刺身首次亮相的地方。

SANJIMUL餐厅

· ADD 济州岛济州市入港路26
· TEL 064-752-5598
· TIME 11:00~23:00
· PRICE 平鲉水刺身10000韩元，墨鱼水刺身9000韩元，刺身汤9000韩元

偶来蜂蜜面包

跟统营蜂蜜面包一样有名的就是偶来蜂蜜面包。与统营蜂蜜面包不同的是，偶来蜂蜜面包的表面洒满了密密麻麻的花生、葵瓜子、南瓜籽、黑芝麻、白芝麻等，更香更Q弹。在偶来路附近或者济州岛特产商店、观光地的商店等地都能买到。

· PRICE 1000韩元/个

汉拿山&

MT. HALLASAN

有个与汉拿山渊源颇深的名字，那就是中山间了。中山间在字典里的意思就是山间地域与其下面中间地域的合并地域。一般来说，山有坡度的话，做民居、做农田的价值都会下降，中山间在济州岛却闪着光亮。那都是因为环绕着汉拿山的寄生火山以及山峰的原因。山峰围绕着汉拿山下面，形成突出的、一个接一个的美丽山脊。而且只有在汉拿山和中山间才能看到，那些山峰之间都有着能让马儿自由奔跑玩耍的宽阔大平原。四季都能看得到不同模样的汉拿山和368个山峰，里面隐藏着安静的的榧子林和四连依林荫小路！汉拿山跟中山间地区很少触及外界，是个能够看到济州岛真实面貌的地方。

汉拿山&旅行推荐路线

32.5千米/驾车50分钟
参观方舟教会　　　　　　　登上汉拿山

5千米/驾车10分钟　　　　　13.5千米/驾车25分钟
四连依林荫小路散步　　　　参观山君不离

13.5千米/驾车10分钟

47千米/驾车1小时
在桥来里尝土鸡　　　　　　入住葡萄酒店

FEELING

#01

沉浸在火山岛当中

汉拿山跟中山间的火山岛是只有在济州岛才能看得到的特别风景。在这里，直接走进山或者森林里，一定要肆意步行，用全身心去感受风。时间充裕的话，登上汉拿山是挺不错的选择。时间不太够的话，可以在汉拿山的周边转一转，像波涛一般一浪接一浪、看不清是山峰还是天空的风景以及葱葱郁郁的森林小路，也都会成为可以独自享受的风景。

SUPERJUNIOR's EXPERIENCE KOREA

四连依森林小路

从济州市旧左邑奉盖洞的榧子林到西归浦市南元邑汉南里的四连岳，是一条接连不断约15公里的清净林荫小路。小路的空气清新又纯净，对于促进血液循环非常有帮助，路上铺满了济州天然火山石，两旁像护卫般的茸毛栎和枫树以及郁郁葱葱的自然林环抱着这条小路。几乎没有坡度的平缓地形，非常适合慢慢地溜达。走在林荫小路上，不难与栖息在这片森林里的猪獾、济州黄鼠狼、八色鸟等多种多样的动物相遇。想要走完林荫小路需要4小时以上，时间不太充裕的话，可以自行安排。这里不收取入场费。

·ADD 济州岛济州市朝天邑
·TEL 064-730-7272

山君不离

君不离是济州方言中"火山的喷火口"的意思。山君不离是在韩国唯一的低平火山口。熔岩或火山灰无法喷出，热气爆发穿过岩石而留下小洞，形成了低平火山口。山君不离的喷火口周长超过2千米，深度达到132米。说山君不离是喷火口植物园也不为过，因为喷火口的特性，每个高度分布着完全不同的，多种多样的植物群。登上喷火口的路虽然有些陡，但是附近的散步小路建得很好，可以不花太大的力气登上去看看。

·ADD 济州岛济州市朝天邑榧子林路768
·TEL 064-783-9900
·TIME 09:00~18:00（夏季），09:00~17:00（冬季）
·PRICE 成人6000韩元，青少年3000韩元
·WEB www.sangumburi.net

济州的岛屿

ISLANDS

在济州，除了本岛济州岛以外，还有另外63个岛。这之中有人居住的岛，包括济州岛在内有9个。其中，值得用一天或者大半天时间去一趟的就是牛岛和马罗岛，虽说这两个岛与济州岛相似，但是也有着完全不同的特别美景，是很多人特意空出时间来寻觅的岛屿。特别是牛岛，从远处看，整个岛的外形就像一头躺着的牛一样，因而称之为牛岛。从人们最开始在牛岛生活起到现在不过就150年左右。牛岛拥有特别雪白的白沙滩、散发祖母绿般光芒的大海、美丽的西滨白沙、海蚀洞窟和有奇岩绝壁美景的黑沙滩海岸等大自然铸造的令人感叹不已的天赐风光。想去牛岛的话，预留大约一天的时间比较好。

济州的岛旅行推荐路线

牛岛	骑自行车3~4小时
	骑着自行车游览牛岛

马罗岛	徒步1~2小时
	顺着马罗岛的散步路环顾整个岛

FEELING

#01

在未经污染的大自然中漫步

特别是牛岛，从远处看，整个岛的外形就像一头躺着的牛一样，因而称之为牛岛。从人们开始在牛岛生活起，不过就150年左右。在牛岛，有雪白的白沙滩、有着祖母绿般光芒的大海、美丽的西滨白沙、海蚀洞窟和有奇岩绝壁美景的黑沙滩海岸等大自然铸造的让人赞叹的旖旎风光。想去牛岛的话，安排大约一天的时间比较好。

SUPERJUNIOR's EXPERIENCE KOREA

牛岛

虽然可以徒步参观牛岛，但要自己有大半天或者一天的日程，利用循环巴士、自行车、摩托车等会比较好。去牛岛的渡船从城山浦港综合旅客终点站和终达里旅客终点站出发，到岛上需要约15分钟左右。因为渡轮在牛岛峰附近的天津港和西滨白沙附近的下牛木洞港两个地方停靠，所以最好提前确认目的地。如果想要看到岛上的全景，可以登上牛岛最高海拔132米的牛岛峰。在那里，不只是岛的全景，海对岸的城山日出峰和济州岛的外貌也能尽收眼底。

· ADD 济州岛济州市牛岛面
· TEL 064-728-4333
· PRICE 成人3500韩元（单程）
· WEB www.u-do.co.kr

马罗岛

要到韩国国土最南端的岛，就必须乘坐从济州岛西海岸的马罗岛码头或者摹瑟浦港出发的船。每天有4~5艘的航船，但是根据天气而改变行程的时候也很多，所以必须提前打电话确认。预约后要取消航次或者变更的话，都会以电话的方式来联系。乘船到马罗岛大约需要30分钟左右。一般双程航运能够停留的时间约为1个小时。教堂、寺庙、教会、马罗分校、卫生所、派出所、炸酱面店、便利店、生鱼片店、民宿都聚集在几栋参差不齐的建筑里。徒步1小时的话虽然能够把马罗岛逛完，但是要把每个角落都逛完还是有些吃力，所以使用自行车或者是电动卡丁车不失为一个好方法。

· ADD 济州岛西归浦市大静邑马罗岛
· TEL 064-120
· PRICE 马罗岛游船 成人15000韩元（往返）
　　　　马罗岛班船 成人15800韩元（往返）
· WEB www.jejumarado.com

这样看来，庆尚道似乎是个有着许多面的地方。
在那之中，有面向东海和南海的城市，有面向内陆的城市。
在花开集市与全罗道相接处，北部城市从江原道延伸出来，与太白山脉相连。

TRAVELER
圭贤，艺声

庆尚道

GYEONGSANGDO

SUPERJUNIOR's EXPERIENCE KOREA

庆州
统营
釜山

现在由艺声哥跟我为大家介绍庆尚道！

因为签名会或演唱会等日程的关系，所以我们常常来釜山和庆尚道地区。釜山人口多，也是规模较大的城市。虽然常常有活动，事实上庆尚道的其他城市几乎没有去过。但是这里的城市对我们来说大部分都很熟悉。除了釜山，因河东村而出名的安东，修学旅行一定会去一次的庆州，被称为"东方那不勒斯"的统营，盛产巨蟹的盈德，最大的工业城市蔚山等，都在庆尚道。

这样看来，庆尚道似乎是个有着许多面的地方。在那之中，有面向东海和南海的城市，有面向内陆的城市，在花开集市与全罗道相接处，北边城市从江原道延伸出来，与太白山脉相连。

庆州的历史遗址还保存着最原始的面貌，但是为了游客，听说正日益升级多种多样的节目和小吃，新的住宿设施等也非常值得去看。吸引了韩国众多游客的统营，有名的壁画村庄到底是怎么样的一个地方呢？也想去看看。如果去海滨城市的话，因为能够吃到许多新鲜的海鲜，也十分的期待。哈哈哈……在釜山海云台走了大概有五次，海边的记忆即使到了现在也偶尔会想起来。

现在开始，向有着形形色色模样的庆尚道出发吧！

ENJOY

在瞻星台与
王陵之间
骑着自行车
微风习习

FEELING

在山寺的一天，
放松自己

ENJOY

全身心地
感受大海的
三种方法

FEELING

挂在胡同石
墙上的画

ENJOY

釜~山　海鸥
♬
釜~山　海鸥

FEELING

比起白天
更有魅力的是
海云台的夜晚

瞻星台

庆州

韩屋酒店罗宫

宝水洞书店胡同

海云台

东皮郎壁画村

釜山

甘川文化村庄

广安大桥

弥勒山闲丽水道眺望缆车

统营

水陆→一运自行车专用路

骨窟寺

MAP & INFO

在朝鲜半岛东南部的庆尚道，分为庆尚北道和庆尚南道，有釜山、大邱、蔚山三个直辖市。靠着海的东部跟南部地域、挨着江原道的北部城市，能够感受到与江原道相似的地形、气候以及方言特点。在靠海的东部和南部地区，这些内陆地区的每个城市都拥有属于自己的明显个性。早就建好的高速公路和铁路与首都圈非常近，城市的发展也很快。由于海路与日本很近，在釜山或者是有港口的地方，能够找到很多受过去日本影响的痕迹。

在东海岸，太阳最快升起的蔚山艮绝串，以日出景点而有名，海风吹干的浦港秋刀鱼干是风行韩国的零食。在无止境的南海海岸线上有很多岛，有着"多岛海海上国立公园"的别称。搭船能马上到达的小每勿岛、蛇梁岛、莲花岛、闲山岛等，像陆地一样，又是别样的佳境。可以选择在内陆以苹果出名的义城和密阳、以柿子有名的青道、以梨和柿饼有名的尚州等，也可在庆州历史地区、安东河回村、闻庆鸟岭道立公园等等的地方尽情感受历史的气息。庆尚道人们的方言多少让外地人有些不知所措，但是这里聚集居住着的人们非常热情。朝着庆尚道出发吧。

庆州

GYEONGJU

位于庆尚北道的庆州有"走的每一步都是文化遗产"的传言一点也不过分，它是新罗千年的古都。这里还是修学旅行或者团体旅游的常游地，外国人也接连不断地来到这里。托2010年开始运行的KTX新庆州站的福，人们来这里更方便了。这里的历史地区，整个都在联合国教科文组织登记在案，不久前的石窟庵和佛国寺、最近的良洞村也都在联合国教科文组织登记在案。以团体旅行来过一次庆州的人可能会认为自己已经把庆州都看遍了，没去看过的地方，人们可能会臆测只是无聊的遗址观光地。但是，庆州的旅行有着比想象中更丰富的方法。参考《我的文化遗产探索》和类似的书，可以探访里面的故事，也可以结合骑自行车游览来探索旅行。春天的话，可以在樱花盛开的旅游区溜达，也可以在隐隐约约照明下散发着光芒的夜晚去探访与白天不同的遗址。可以到积累着厚厚的新罗历史的南山，也可以到与历史共存亡的良洞村体验韩屋住宿。对了，庆州的名产皇南包和大麦红豆包也会让你无法忘怀。所有的遗址跟遗物都一样，漠不关心地仰望它们，就会觉得不过都是些石头，但是带着感情观察的话，就会逐个理清几百、几千年前的故事。再加上这些都不是独立的，都与都市相融合而显得更亲近。所以，新罗千年古都——庆州的魅力是无穷尽的。

庆州旅行推荐路线 2 天 1 夜

第一天

骑着自行车逛占星台、雁鸭池等遗址　　1千米/驾车5分钟　　在瑶池宫品尝韩式美食套餐

在韩屋酒店罗宫住一晚上　　10千米/驾车15分钟　　*参加新罗月光纪行节目　　2千米/驾车5分钟

* 这里标记的时间和距离以雁鸭池为基准。

第二天

在罗宫吃早餐　　10千米/驾车20分钟　　探访庆州南山　　徒步5分钟

尝试皇南包和大麦红豆包　　5千米/驾车10分钟　　逛鲍石亭等南山附近的遗址

ENJOY

#01

典雅又便利的韩屋酒店

走在充满历史气息的城市里，坐在韩屋的屋檐下，仰望星空，结束一天的旅行，只是想想就很激动。也许是猜到了游客们的这种心思，韩国最初的韩屋酒店罗宫在庆州开业了。获得韩国木雕建筑大典、韩国建筑文化大赏等大奖的罗宫即使到了现在也一直保持着那种水准，很有人气。在那之后，在韩国与韩屋相关的住宿设施一个接一个地增加，形成了一种趋势。有更多韩屋当然很棒了！

SUPERJUNIOR's EXPERIENCE KOREA

小青蛙们啊，在房间里不
要太吵哦！

呱呱～呱呱～～

在窗外后院的莲花池听到了什么声音, 就到外面看了。
有青蛙和鸭子住在后院里。
在原本就很吵闹的城市里, 即使是一点细小的噪声都觉得逆耳。
舒心悠闲地在韩屋里, 感觉连这声音也变得不同了。
远离了城市, 好像在大自然里沉睡的感觉。
听着青蛙的催眠曲……啊～

一看见露天温泉，叫喊着跑了过去。背靠石阶泡着脚，真的是完美的心灵之旅啊。抬头看着天空，那里展露着更美丽的风景。由韩屋的屋檐围出来的四方的天空，什么高楼、废气都看不见了，就这样，只有天空。在夜晚，这片天空又会是多么漂亮呢？

晚上的时候，一定要再来一次。

期待已久的晚餐时间！

在摆满了非常美味的食物的餐桌前，差点失去了理性。全部吃完，肚子会爆掉吗？本打算只吃一点点来着，但第一次把食物放进嘴里的瞬间，手不知不觉地快速伸向所有盘子。"这是什么？煎肉饼？啊，是煎肉饼！哈哈！"
真的很美味。神童和银赫在全罗道吃过回来后一直炫耀的煎肉饼，当时真的也很想吃。
现在我再也不用羡慕他们了！哈哈哈……

罗宫

这里是韩国最早的韩屋酒店,于2007年竣工,同一年获得了韩国木雕建筑大典竣工部门的大赏,2008年获得韩国建筑文化大赏竣工建筑物部门的优秀奖,同时也获得了"很好地体现韩屋"的评价。16幢客房分成了豪华套房韩屋和套房韩屋,然后又各自分成阁楼型和院子型,所有客房都带有温泉池。特别是在露天温泉,坐着放眼望去,看到美丽的屋顶瓦和天空交融,特别感动。可以好好享受坐在檐廊上听着音乐,一边看想看的书,然后一边眺望后花园、喝着茶的这个瞬间,像在梦里梦到过的那样,在韩屋度过平凡的一晚。虽然在这样具备了传统要素的同时也不放过现代的便利的韩屋罗宫的客房里就这样休息也很幸福,但是美丽的后花园也不能错过。另外,包含在住宿费里的三餐也很美味。

· ADD 庆北庆州市世博会路55-12新罗千禧公园内
· TEL 054-778-2100
· PRICE 工作日2人30万韩元起
· WEB www.smpark.co.kr

ENJOY

02

最适合骑自行车的城市——庆州

拥有大面积的平地，并且还有各种遗址相连的庆州，在很久以前，就有很多人骑着自行车来旅行。随着时间流逝，自行车的人气渐渐提高，同时，以前在火车站或者汽车站附近偶尔才有的、引人注目的自行车出借所也变得更加多了。在庆州站或者长途汽车总站附近，或者有名的旅游观光地附近，肯定能找到自行车出借所。虽然人们都试过坐着能容纳45人的观光巴士来过一次庆州修学旅行，但是骑着自行车来游玩的话，不知道庆州为什么也会让人感觉新鲜。如果是樱花飘扬的春天或者是光彩照人的秋天的话会更加好吧？

BY 乙能

以前常常骑自行车来着，但是现在没法骑了。

因为好久没有骑过自行车，满满的期待让我心潮澎湃，真的完全不知道在这样风和日丽的日子里还可以骑自行车到每个有遗址的地方呢。

心情飞扬地踩着脚踏板到处乱转。"哦？这个很面熟，那个……是什么来着……啊！是瞻星……"在说这话的瞬间，通过扩音器倾泻出来一个大妈可怕的声音。

"请出去！自行车请快点出去！"

啊，吓了我一跳！

自行车是不可以进瞻星台里面去的，

大家也要小心啊，哈哈。

但是真的，在庆州骑着自行车即使走神也可以到达一处遗址，并进去随便乱逛，那些文化遗址和路面协调的十分好。

在庆州，历史悠久的旧事物不会和新事物互相冲撞，很好地实现了和谐，真的是非常特别的城市啊。

于是，萌生了一个愿望：下次再来庆州的话想要骑情侣自行车。

新罗月光纪行

如果说白天的庆州有自行车兜风的话，那么晚上的庆州就有月光纪行。虽然白天的庆州也很漂亮，但是在夜晚，庆州可以给你不一样的感受。新罗月光纪行是每年大约有6000名国内外观光客参加的庆州最有代表性的夜间节目，从新罗文化院开始的这个节目以获得了庆尚北道和庆州市的援助为契机，最近不断在韩国观光评星颁奖中取得名次。随着不断取得名次，也获得了观光客们爆发性的喜爱。它的日程是每年都会变动的，一般每年四月到十月之间的第二到第四个星期六下午3点开始到晚上9点运营。既想参加提着灯在夜间贯穿庆州各个地方的"新罗月光纪行"，又想体验其他项目，所以都有些幸福的烦恼了。但万一参加不了新罗月光纪行也不要太伤心，因为还有在夜间开放的遗址。在用脚能到达的每个地方全部都是遗址的庆州，夜晚就那样走过整个城市也是很好的。白天的噪音消弱，很多东西都在黑暗中隐藏身影，跟随着灯光走的瞻星台、雁鸭池的步道都能使人暂时忘记烦恼。

新罗文化院

可以预约新罗月光纪行的地方

· TEL 054-774-1950   · WEB www.silla.or.kr/tour/moon.aspx

TASTING

#01

崔富人家的韩式套餐
可与全罗道相媲美

庆尚道的饮食和其他地区的饮食相比，味道算是比较重和比较辣的。虽然也有优劣之分，但是在韩国具有代表性观光城市之称的庆州，还是有很多风味美食的。在普门园区，豆腐料理很有名的店很多。在火山烤肉园区那边，好吃的烤肉店比比皆是。做韩式套餐的店有好几家，在那之中，曜石宫是具有代表性的店，不仅国内外的观光客会去，知名人士也会不时找去。

哇~小菜真的好多！

明明是韩餐，但菜式竟然这么多。

每个只是试吃一点点也会想：这猴年马月能吃完啊！

可能因为是在旅行的时候吃的，所有食物都变得很美味。放入了海鲜的海鲜蘑菇杂烩或者海鲜冷盘很好吃，像鸭子药补汤或者韩方烤五花肉一样的肉类料理也清淡好吃。那些铜碗有一定的重量，但也还是适当地盛着小菜，小菜被摆满一整张桌子。连帮我们摆桌的工作人员敏捷的身影都令人感到惊奇。

从进来的时候开始就让人不禁感叹漂亮的韩屋。吃过饭后，坐在地板上享用着饭后水果和柿饼汁的同时，放眼望着庭院里的荷花池，韩屋的美丽深深地印在了心里。

这个瞬间产生了"空闲时间悠闲地在庆州度过真的是太好了"的想法。

曜石宫

大约300年前，在现在的庆州校洞守住关口的庆州崔富人家的子孙们，在庆州运营起了传统韩式套餐店。在崔富人家里流传下来的朝鲜时代贵族饮食被命名为"崔富人的韩式套餐"，并成为了品牌。政商界主要人士们来过这里数十次，这里因为这种程度的美味、传统以及服务而得到认可，如果不预约的话即使在平时的白天也很难找得到位子。饭店提供了从鱼馒头、海鲜蘑菇杂烩、韩方烤五花肉等可以选择的半月套餐到全北生鱼片、九折坂、烤韩牛肋眼等曜石套餐总共四种菜单。虽然价格特别贵，但是一个一个满含真诚的食物摆满桌子的瞬间，产生了优于其他观光客的这种傲气十足的想法。在洗手间必备的一次性牙刷也让我十分感动。在檐廊上悬腿坐着放眼望去，庭院的风景使人把旅途劳顿抛在脑后。

- ·ADD 庆北庆州市校村里路19-4
- ·TEL 054-772-3347
- ·TIME 11:30~15:30（午餐），17:00~21:00（晚餐）
- ·PRICE 半月套餐33000韩元，儒林套餐66000韩元，雁鸭套餐99000韩元，曜石套餐132000韩元（1人标准，曜石定食需要预约）
- ·WEB www.yosokkoong.com

庆州的零食

对身体好, 味道也很合我口味!

断石家大麦包

它是最初发明大麦包的店。以在庆州断石山下的50家左右的农户种植的完全不使用农药的大麦为原材料, 以庆州南山自然放养的鸡生产的蛋和韩国本土产的红豆为辅料。断石家大麦包不仅美味, 而且有益健康。松软绵儒的质感, 香扑扑的气味, 可以拿来做零食。在庆州市内包括总店、大陵苑店以及五陵店一共有三家店, 同时也可以在官网订购。

· **ADD** 庆北庆州市金星路237 (总店)
· **TEL** 054-741-7520
· **WEB** chalboribread.com

皇南包

皇南包是庆州包的元祖。因为它而诞生了很多的假冒品。1939年, 皇南洞的庆州崔英华翁第一次制作皇南包, 作为庆州名产现在传到第三代, 一直使用着韩国产的红豆, 而这也将作为命脉一直流传下去。因为是在皇南洞制作的, 人们把 "皇南包" 作为固有名词来称呼, 由于皇南洞大陵苑挖掘的原因, 店面也迁移了, 现在店在皇吾洞。虽然在这里有数十个职员马不停蹄地制作皇南包, 但是顾客们还是塞满了小店, 为了买皇南包, 短的要等30分钟, 长的要等超过2小时。值得庆幸的是, 店里实施了排号制度, 拿到排号票后可以在其他地方逛逛, 到号了再回来。同时也可以在官网上订购。

· **ADD** 庆北庆州市大宗路783
· **TEL** 054-749-7000
· **WEB** www.hwangnam.co.kr

甜甜的红豆被满满地塞在里面!

FEELING

#01

山寺的色彩，寺庙住宿

寺庙住宿的人气正在日渐上升。最近，体验韩国传统文化的活动，离开喧闹的城市，反省自己，专注于自己的内心的心灵治愈旅游正散发着新的魅力，并受到外国人的欢迎。一边参加着寺庙住宿，一边有着"我不是佛教徒"这样想法的人现在很罕见了。寺庙住宿比起"宗教"，包含更多"慰藉"或者"修养"的意义。至2013年，韩国有100家左右的寺院在运营寺庙住宿，在那之中，大概有四分之一在庆尚道。

BY 艺声

这个就是茶堂啊!

一边喝着师父给的茶,

一边聊天……

和贤多师父、
外国朋友凯文、
卢达一起度过
钵盂供养的时间。

"钵盂供养"中的"钵盂"说的是师父
用的饭碗,有着"装适量饭的饭碗"的
含义。在寺庙住宿的基本项目中,其中
一项是钵盂供养,就是怀着感恩的心吃
用钵盂装着的宝贵食物。在尘世之中,
相比于为了维持生命,我们对于味道的
着迷更多些,我们常常以新的心情看着
吃的饭,也是修养的过程。

曾经有过学习与武术相关的运动（泰式拳击和拳击）的经历，啊~跆拳道也学过一点儿。因为说是寺庙住宿，想象着应该是安静的项目，运动着身体进行禅武道的修行真的是意料不到。在寂静的山寺中试着学习舒展四肢的禅武道动作，表情不知不觉地变得悲壮了。

哈哈哈……

每年到了天尊降临的日子，
这种莲花灯大概会制作1000个左右。
1000个愿望全部都实现了吗?

骨窟寺

在庆州市内，沿着弯弯曲曲的路驾车走整整30分钟就可以到达韩国唯一的石窟寺院。那里流传着一个传说，大约1500年前，从印度远渡而来的广裕师父一行，在含月山落户并砍下石灰岩峭壁打造出磨崖如来坐像（宝物518号）和12个石窟，这些都是比佛国寺还要早200年的东西。骨窟寺的禅武道特别出名。虽然我们熟悉的佛教修行方法是盘腿打坐，并一边冥想一边反省自己"参禅"，但是在骨窟寺，可以尝试包括冥想、禅瑜伽、禅气功、禅武术、禅体操等所有修行方法的禅武道。因为万籁俱寂的山寺风景，还有不一般的禅武道体验，使石窟寺在韩国100多家运营寺庙住宿的寺院中分外有人气。在骨窟寺里常常遇见穿着绳衣，带着端雅的微笑搭话的外国人，在这里长期修行的外国人有很多。

· ADD 庆北庆州市阳北面基临路101-5
· TEL 054-744-1689
· WEB www.golgulsa.com

遍布全国的寺庙住宿

现在，运营寺庙住宿的寺院大概有100个左右。每个寺院寺庙住宿的详细内容可能会有所不同，但是基本的寺院介绍、参禅、和师父的茶谈、钵盂供养、礼佛、108拜等这些主要日程是不会遗漏的。但是，即使是相似的项目，因为寺院、日程、人员、季节、小项目等等的不同也可能会有完全不同的体验。所以，决定地点的时候选择一个自己想要的寺庙住宿项目和非常想去一次的寺院吧。因为小项目特别多样，所以最好是提前作足功课。有在树林里进行音乐会的寺院，也有进行爬山修养身心的寺院。在2013年春天，每个寺院都在进行着以迎新春为主题的多样的小项目。在华城龙珠寺准备了包括徒步走金达莱花路、制作花瓣煎饼等体验的"煎花寺庙住宿"。在垂挂着扁柏树的昌原大光寺，准备了徒步走扁柏树林、制作扁柏香袋和饰针等的体验。在星州心元寺准备了制作野生花茶的项目。寺庙住宿通过寺庙住宿联合信息中心的主页或者直接到感兴趣的各个寺庙申请就可以了。费用和日程会根据每个项目不同而不同，所以仔细地确认日程吧！

不容错过的寺院介绍、参禅、和师父的茶谈、钵盂供养、礼佛、108拜等主要日程！

寺庙住宿联合情报中心

这里可以介绍韩国佛教曹溪宗所属的所有寺院的寺庙住宿项目。通过主页可以查阅全国的寺庙住宿项目，也可以获得体验过寺庙住宿的客人的后记以及临时运营的寺庙住宿特别项目等和寺庙住宿有关的各种信息。条件允许的话也可以试一下直接到位于仁寺洞附近的宣传馆访问。可以得到职员们亲切的介绍和商谈。

· ADD 首尔市钟路区邮政局路56
· TEL 02-2031-2000
· WEB www.templestay.com

首尔

曹溪寺
· ADD 首尔市钟路区邮政局路55
· TEL 02-768-8600
· WEB www.jogyesa.kr

金仙寺
· ADD 首尔市钟路区飞凤路137
· TEL 02-395-9955
· WEB www.geumsunsa.org

京畿道

龙门寺
· ADD 京畿道杨平郡龙门面龙门山路782
· TEL 031-775-5797
· WEB www.yongmunsa.org

传灯寺
· ADD 仁川市江华郡吉祥面传灯四路37-41
· TEL 032-937-0125
· WEB www.jeondeungsa.org

忠清道

甲寺
· ADD 忠清南道公州市鸡龙面甲寺路567-3
· TEL 041-857-8981
· WEB www.gapsa.org

麻谷寺
· ADD 忠清南道公州市寺谷面麻谷寺路966
· TEL 041-841-6226
· WEB www.magoksa.or.kr

全罗道

仙岩寺
· ADD 全罗南道顺天市升州邑仙岩寺路
· TEL 061-754-6250
· WEB www.seonamsa.net

华严寺
· ADD 全罗南道求礼郡马山面华严寺路539
· TEL 061-782-7600
· WEB www.hwaeomsa.org

江原道

百潭寺
· ADD 江原道麟蹄郡北面龙垈里百潭路746
· TEL 033-462-5035/5565
· WEB www.baekdamsa.org

洛山寺
· ADD 江原道襄阳郡降岘面洛山寺路100
· TEL 033-672-2417
· WEB www.naksansa.or.kr

月精寺
· ADD 江原道平昌郡珍富面五台山路374-8
· TEL 033-339-6606
· WEB www.woljeongsa.org

庆尚道

海印寺
· ADD 庆尚南道陕川郡伽倻面海印寺路122
· TEL 055-934-3110
· WEB haeinsa.or.kr

通度寺
· ADD 庆尚南道梁山市下北面通度寺路108
· TEL 055-382-7182
· WEB www.tongdosa.or.kr

双溪寺
· ADD 庆尚南道河东郡花开面双溪寺路59
· TEL 055-883-1901
· WEB www.ssanggyesa.net

统营

TONGYEONG

统营也在庆尚南道，是与南海岸相接的城市之一。统营西边连接着南海郡，东边连接着巨济市。由于有弯弯曲曲海岸线的南海岸城市交通不是很便利，也不算是特别地靠近附近的观光地。但是这样的地形特性勾画出了引人入胜的海滨村庄的风景，也向人们展现了它的魅力。特别是狭窄的小巷、美丽的图画、和大海的风景很协调的东皮郎壁画村，在各种媒体和电视剧登场的同时，人们的脚步也不断走进这里。

统营市和忠武郡在1995年统一成了统营市。在统营各个地方可以看见的忠武紫菜包饭、忠武中学等的名字里面还保留着那段历史。为了纪念忠武公李舜臣在壬辰寇乱的时候在统营的前海击退倭寇的功绩，每年到了夏天都会举办统营闲山大捷庆典。尹伊桑、金春洙、朴景利、柳致环、全　林等这些在统营出生、逗留或者创作了和统营有关联的作品的艺术家们的痕迹到处都能看见。不能错过可以品尝各种海产物的多样风味店，在海岸边打造的自行车公路也是最近很热门的地方。看上去，统营好像再也不需要"东方那不勒斯"这样的修饰语了，因为统营本身已经足够漂亮。

统营旅行推荐路线2天1夜

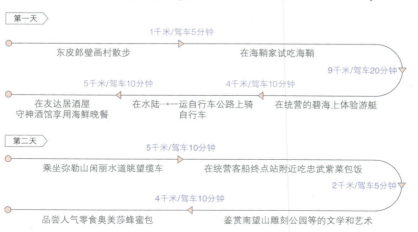

第一天

东皮郎壁画村散步　　　1千米/驾车5分钟　　在海鞘家试吃海鞘

5千米/驾车10分钟　　　4千米/驾车10分钟　　　9千米/驾车20分钟

在友达居酒屋　　　　在水陆→一运自行车公路上骑　　在统营的碧海上体验游艇
守神酒馆享用海鲜晚餐　自行车

第二天

乘坐弥勒山闲丽水道眺望缆车　　5千米/驾车10分钟　　在统营客船终点站附近吃忠武紫菜包饭

4千米/驾车10分钟　　　　　　　　　　　　　　　2千米/驾车5分钟

品尝人气零食奥美莎蜂蜜包　　　鉴赏南望山雕刻公园等的文学和艺术

首尔

曹溪寺

- ADD 首尔市钟路区邮政局路55
- TEL 02-768-8600
- WEB www.jogyesa.kr

金仙寺

- ADD 首尔市钟路区飞凤路137
- TEL 02-395-9955
- WEB www.geumsunsa.org

京畿道

龙门寺

- ADD 京畿道杨平郡龙门面龙门山路782
- TEL 031-775-5797
- WEB www.yongmunsa.org

传灯寺

- ADD 仁川市江华郡吉祥面传灯四路37-41
- TEL 032-937-0125
- WEB www.jeondeungsa.org

忠清道

甲寺

- ADD 忠清南道公州市鸡龙面甲寺路567-3
- TEL 041-857-8981
- WEB www.gapsa.org

麻谷寺

- ADD 忠清南道公州市寺谷面麻谷寺路966
- TEL 041-841-6226
- WEB www.magoksa.or.kr

全罗道

仙岩寺

- ADD 全罗南道顺天市升州邑仙岩寺路
- TEL 061-754-6250
- WEB www.seonamsa.net

华严寺

- ADD 全罗南道求礼郡马山面华严寺路539
- TEL 061-782-7600
- WEB www.hwaeomsa.org

江原道

百潭寺

- ADD 江原道麟蹄郡北面龙垈里百潭路746
- TEL 033-462-5035/5565
- WEB www.baekdamsa.org

洛山寺

- ADD 江原道襄阳郡降岘面洛山寺路100
- TEL 033-672-2417
- WEB www.naksansa.or.kr

月精寺

- ADD 江原道平昌郡珍富面五台山路374-8
- TEL 033-339-6606
- WEB www.woljeongsa.org

庆尚道

海印寺

- ADD 庆尚南道陕川郡伽倻面海印寺路122
- TEL 055-934-3110
- WEB haeinsa.or.kr

通度寺

- ADD 庆尚南道梁山市下北面通度寺路108
- TEL 055-382-7182
- WEB www.tongdosa.or.kr

双溪寺

- ADD 庆尚南道河东郡花开面双溪寺路59
- TEL 055-883-1901
- WEB www.ssanggyesa.net

统营

TONGYEONG

统营也在庆尚南道，是与南海岸相接的城市之一。统营西边连接着南海郡，东边连接着巨济市。由于有弯弯曲曲海岸线的南海岸城市交通不是很便利，也不算是特别地靠近附近的观光地。但是这样的地形特性勾画出了引人入胜的海滨村庄的风景，也向人们展现了它的魅力。特别是狭窄的小巷、美丽的图画、和大海的风景很协调的东皮郎壁画村，在各种媒体和电视剧登场的同时，人们的脚步也不断走进这里。

统营市和忠武郡在1995年统一成了统营市。在统营各个地方可以看见的忠武紫菜包饭、忠武中学等的名字里面还保留着那段历史。为了纪念忠武公李舜臣在壬辰寇乱的时候在统营的前海击退倭寇的功绩，每年到了夏天都会举办统营闲山大捷庆典。尹伊桑、金春洙、朴景利、柳致环、全　林等这些在统营出生、逗留或者创作了和统营有关联的作品的艺术家们的痕迹到处都能看见。不能错过可以品尝各种海产物的多样风味店，在海岸边打造的自行车公路也是最近很热门的地方。看上去，统营好像再也不需要"东方那不勒斯"这样的修饰语了，因为统营本身已经足够漂亮。

统营旅行推荐路线2天1夜

第一天

1千米/驾车5分钟

东皮郎壁画村散步　　　　　　　在海鞘家试吃海鞘

9千米/驾车20分钟

5千米/驾车10分钟　　　4千米/驾车10分钟

在友达居酒屋　　　在水陆——运自行车公路上骑　　在统营的碧海上体验游艇
守神酒馆享用海鲜晚餐　　自行车

第二天

5千米/驾车10分钟

乘坐弥勒山闲丽水道眺望缆车　　在统营客船终点站附近吃忠武紫菜包饭

2千米/驾车5分钟

4千米/驾车10分钟

品尝人气零食奥美莎蜂蜜包　　　鉴赏南望山雕刻公园等的文学和艺术

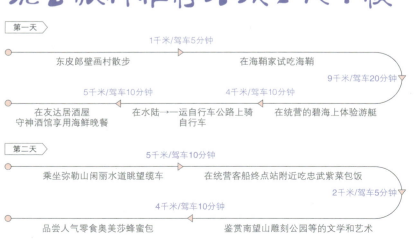

ENJOY

01

完全是为了自行车打造的水陆→
一运自行车公路

在主要都是靠坐车出行的城市，偶尔会有想要一边骑自行车或者走路一边更加近距离地感受这个城市的想法。但是因为不是所有地方都具备那样的条件，心情变得非常急切，现在在统营可以好好地实现那个愿望了。那个地方就是从统营公共海水浴场开始的水陆→一运自行车公路！这条公路上，汽车不能行驶，在这里可以完全感受到自然的声音和气息，还有风，风景也很壮观。

汽车不能进去的地方。

在那个大海和海浪声代替汽车声的地方,
时隔很久的自行车飞驰!
渐渐地心情腾飞起来,想要扑通跳进海里……
哈哈哈,但是跳进去是不行的哦,朋友们!

在去钓鱼的路上!

什么都不会钓到? 连银鱼也没有?
真是, 鱼饵是虾来着, 还说要钓银鱼……
我想的也真是, 哈哈哈!

按照钓鱼工具租借点的老板教的那样
把钓鱼竿呼地飞出去, 哎……
钓鱼线被后面的大理石构造物钩住了。
作为鱼饵被钩着的虾也飞出去了, 呵。
没关系。再来一次呗。
再一次一边哼哼一边把绳子解开, 放上鱼饵,
这次顺利地抛出去了。

啊! 钓到了? 钓到了?
没有。
哦?
……

这是第一次钓鱼。
曾经听说"钓鱼是和自己在斗争"这样的话,
是啊, 好像是和我不合的东西。
就算那样, 什么时候如果有空余的时间也要再挑战一次。
下一次一定要钓到啊!

水陆→一运自行车公路

在与南海岸相接的城市，陆地和海洋的界限不是平坦的，而是凹凸不平的。幸运的是，虽然坐车在海岸公路奔驰的期间会伴随着轻微的恶心犯晕，但是在水天交接的地方会不知不觉地因为风景而爆发出一连串感叹。在汽车无法停靠的狭窄的道路经过时，眼前会掠过一连串的风景，试一下去水陆→一运自行车公路吧。可以借自行车，也可以体验钓鱼的水陆→一运自行车公路，是专门为了自行车和行人打造的道路。即使7号国道在东海岸边伫立悬挂着，即使济州岛的海岸公路与大海只在咫尺，但是，像这样可以如此地靠近大海、感受大海的自行车公路绝无仅有。

· ADD 庆尚南道统营市三秤里海岸路
统营公共海水浴场附近

ENJOY

#02

海滨村庄的新娱乐——快艇

诗人白石曾经说过统营是"就算快要睡着了也要起来，想要去大海的地方"。虽然美丽的南海海洋无论以前还是现在都始终如一，但是现在除了站在那里放眼眺望海洋以外，可以直接跳进海洋和大海接触，还能享受各种海上运动，而后者更受人青睐。如果觉得全身都和大海直接接触的海上运动有点害怕和感到有负担的话，试一下游艇体验怎么样？在大海上尽情享受的游览会使你感受到和在公园游玩不同的乐趣。

BY 圭贤

BY 李晟

哇！
第一次在大海上驾驶，
心扑通扑通地跳！

哇~是游艇!

一发现就撒丫子跑进去了,
有床, 有厨房, 有房间, 连洗手间也有,
这样的地方要多少钱?

哈哈, 很贵呢!

赚很多很多钱以后一定要买一艘游艇。
偶尔在有月光的夜晚, 在平静的大海上安然入睡,
第二天早上品尝海鲜,
再喝一杯红酒,
光是想想就觉得好幸福!

终于登上游艇向大海出发了!

海面上漂浮的游艇终于开始尽情地展现它的魅力了。在吊床上哼着歌,坐在秋千椅上眺望着大海,美丽心情无以言表!

虽然在绿色的原野上郊游也很好,但是在这一瞬间能更强烈地感受到碧海青山的魅力。

如果要买游艇的话真的要很用心地工作才行吧?

啊,只有自己真的很可惜。

如果能和哥哥们一起来的话就好了。

以后我买了游艇的话,一定要招待哥哥们! 哈哈哈!

海风游艇

拥有统营最大的游艇。虽然只有一艘，但是让人忍不住炫耀的是，这艘游艇是可以容下15人的，有寝室、洗手间、淋浴间、厨房、卡拉OK等高级设施。根据需求不同，可以体验或者租赁，因此，可使用的设施也会不同。躺在吊床上眺望大海，在海上啜一口红酒都会给你带来与众不同的感受。在沿海城市，想要找可以尽情享受的新冒险体验的话，这里不容错过。

· ADD 庆尚南道统营市山阳邑一运路101
· TEL 1661-9210
· TIME 日出时间，9:00，11:00，13:00，15:00，17:00
· PRICE 游艇体验（最少6人以上出发）成人15000万韩元，7岁以下小孩15000韩元，游艇租赁（2小时路线）45万
　　　　韩元，豪华日落巡游100万韩元
· COURSE 永运港→三秤里磐石→竹岛→闲山岛制胜堂或者比珍岛（游艇体验路线，需要1小时30分钟）
· WEB www.oceanbreeze.co.kr

TASTING

#01

用海鞘制作料理的地方，海鞘家

在首尔好像只有在高级餐厅才能吃到如此丰盛的海鲜料理，而在离大海只有咫尺的南海岸地区，丰盛的海鲜料理很自然地被逐一放在普通的小区餐厅的餐桌上。如果是几个来到沿海城市的海鲜发烧友，还会说对这些料理不感兴趣吗？海鞘家中只有用海鞘一种海鲜制作成的多样料理，我生平第一次看见像这样用满满的海鞘做成的与众不同的美食来招待大家。

很出名的海鞘拌饭店，
已经开始好奇是怎样的味道了！

没有能准确区分的饮食。

原来是喜欢石锅拌饭的,
但是看了菜单, 从最基本的海鞘拌饭开始,
海鞘饼、海鞘刺身、海鞘紫菜包饭、海鞘冷面、
海鞘面条, 甚至连海鞘沙拉也有!
用海鞘可以做出这么多的料理,
真是神奇得不得了!
非常好奇海鞘沙拉又是怎样的味道。
结果, 不但样子好看, 连味道也非常赞。
过去在别的餐厅吃的海鞘会稍微有点腥,
但是这家的海鞘一点都不腥。
真的非常好吃!

统营的海鲜料理似乎一极棒!

海鲜砂锅里面的海鲜也很好吃。
不能吃海鲜的人们吃不到这样美味的海鲜,

好像是件非常悲伤的事啊!

来统营的话一定要顺道去的美食店

海鞘家

就只有海鞘刺身或者海鞘拌饭这种料理吧。怀着这样的想法走进店里，看到菜单后，复杂的菜单让人眼花瞭乱。菜单上除了一道料理以外，其他全部都是用海鞘做的料理，真的是一个新发现啊。海鞘家一边的墙面贴着一张大大的海鞘拌饭配方，就这样公开营业的秘密了？老板回答说："海鞘料理现在还不是很活跃，能让更多人知道，使他们更熟悉，那样对我来说更好！"老板还给因看到海鞘拌饭价格而踌躇不定是否进入餐厅的观光客们减价1000韩元，这个价格和在首尔吃放入干海鞘罐头的海鞘拌饭价格是一样的。海鞘家的海鞘好像是在大海里刚刚抓上来一样新鲜。海鞘饼、海鞘沙拉等等的味道更令人惊奇。唯一没有放海鞘的一道料理就是统营野菜饭，是为同行中不能吃海鞘的人准备的。

· **ADD** 庆尚南道统营市东忠4路25
· **TEL** 055-644-7774
· **PRICE** 海鞘拌饭8000韩元

新鲜的海鞘，满满的好心情！

友达居酒屋 守神酒馆

在马山或者统营等南海岸的海滨村庄中心发展起来的友达居酒屋，原来是只要点酒就能免费提供下酒菜的店。所以，点很多酒的话，按照点酒的量会提供高级海鲜。曾经这样的友达居酒屋，现在变成了只要人均支付一定的金额，老板会看着给料理的这种形式。守神酒馆是在统营众多的友达居酒屋当中公认的拥有好味道的地方，经常会挤满人。无论什么时候，喊着"随便来点儿"的人也会稍微担心真的要给他们"随便来点儿"，但是一看到这个地方的桌子上摆着用海鲜做出的所有的料理，嘴边不由得露出欣慰的微笑。

· **ADD** 庆尚南道统营市港南2路15-8
· **TEL** 055-641-4684
· **PRICE** 人均30000韩元

奥美莎蜂蜜包

这家店始于19世纪60年代初，店主把家门前小摊住提供的面粉做成面包圈、蜂蜜包等开始售卖。一开始，店主连摊位也没有，因为极好的口碑被人们所知。人们习惯性地借这家店隔壁的"奥美莎"洗衣店的名字来称这家店为"奥美莎面包店"。后来，奥美莎成了这家店的正式名称。从早上8点开始，如果蜂蜜包全部卖完的话就会关门，往往在早上10点就会贴着"今天制作的蜂蜜包已经全部卖完了"的布告，如果不早点去的话，想要尝到元祖蜂蜜包就会很难。统营的蜂蜜包在全国人气越来越旺的同时，各种形状可爱以及多种口味的蜂蜜包也登场了，如果去聚集了各种小市场和风味店的江口里那边，会看到各种新时代的蜂蜜包。如果想要挑战一下新事物的话就移动脚步吧！也可以在官网上订购。

· **ADD** 庆尚南道统营市道南路110
· **TEL** 055-646-3230
· **TIME** 从早上8点开始到那天制作的蜂蜜包卖完为止（星期三休业）
· **PRICE** 蜂蜜包10个一包8000韩元
· **WEB** www.omisa.co.kr

早上10点就已经售罄的统营名品零食

元祖是什么，合我口味的话就是这个！

奉化紫菜包饭

虽然现在在其他很多地方也能吃到有名的忠武紫菜包饭，但是，统营忠武紫菜包饭的味道是什么地方都无法媲美的，因为这里是忠武紫菜包饭的故乡。拌了调味酱的鱿鱼和鱼糕是临睡觉前也会回味的美食。在统营客船终点站前面鱼贯而立的店，每家都叫喊着说自己是元祖，但是要找到真的元祖可不是件容易的事，如果找到一家正好合自己口味的店的话，那样也算是成功了。奉化紫菜包饭作为当地人们强烈推荐的一家风味店，其特征是会给麻油酱。

· **ADD** 庆尚南道统营市统营海岸路233-1
· **TEL** 055-644-1990
· **PRICE** 1人份4000韩元

FEELING

01

我如画，画如我的地方——东皮郎壁画村

从某个时候开始，壁画村在全国开始变得有名。虽然不能准确地知道什么时候开始，但是好像从很早的时候就很有名了。墙上的一幅幅画，变成了一个个故事，画我合一的壁画村是现在游客们必选的路线。在釜山甘川洞文化村和首尔梨花洞壁画村等非常有名的观光名胜中选一个吧！现在在全国每个地方的小村子里也正集合全村人的力量，创作者能展现每个人个性的壁画。

你好！你好！

来村子玩的时候，这里的居民认出了我，和我打招呼。托村庄里亲切的居民们的福，心情变得很好，不断地高呼"你好！你好！"

想着一定要参观一次的
美丽的村庄，
可以让任何人忘掉
心中的琐事和烦恼。

兴奋地在这里那里来来回回地寻觅，
发现了在电线杆上写着的字句。

"奶奶去医院的时候说过这样的话，
如果真能安静地生活就好了。
那就请安静地生活吧！"

嘘，安静！

大概有五年没来这个地方了。最近海外的行程更加多了，因此在首尔的时间就很少了。即使这样，我也是韩国人啊，不能常常回来看看我们这么美丽的国家，真感到可惜。多好啊，这里！俯视眼前的大海，如此美丽安静的小村庄。

东皮郎壁画村，好像电影里的画面一样。

东皮郎壁画村

随着人们的离开，村庄的建筑年代也已久远，但画上了壁画后，又重新再现了活力。当论及变得陈旧的村庄要被拆除时，村民们决心用画壁画的方式来拯救这个村庄，于是成就了现在的东皮郎壁画村。在那之后，关于再开发的言论悄悄地消失得无影无踪，年代久远的村子新生成为可以鸟瞰海滨的壁画村。东皮郎壁画村独特的魅力之一就是这里和大海相接。在画满美丽的壁画的巷子里，出来就会邂逅大海的风景，无论是谁都没办法不入迷，这就是东皮郎村的亮点。

· ADD 庆尚南道统营市东湖洞

闲丽水道眺望缆车

统营弥勒山闲丽水道眺望缆车只运行了5年，累计搭乘的客人已经突破600万名。在淡雅的8人吊舱里围坐着，在"韩国国内最长线路（1975米）"运行的10分钟里，即使是初次见面的人也能很自然地交谈起来。特别向那些嫌首尔南山缆车太短的人推荐。只是，如果不是一早来的话，会被非常长的队伍吓到。

在缆车上部停车站沿着步行指示标向上走400米，就能到达弥勒山的顶峰。在这里，美丽的统营大海和闲丽水道的多岛海就呈现在眼前，天气晴朗的时候，还能看到日本的对马岛、智异山天王峰和丽水的突山岛，这里也正因为拥有如此开阔的视野而自豪。

- ·ADD 庆尚南道统营市红路205
- ·TEL 055-649-3804，3805
- ·TIME 售票/搭乘 结束时间 09:30~16:00（10月~次年2月），09:30~17:00（3月，9月），9:30~18:00（4月~8月，公休日从9:00开始）
- ·PRICE 成人9000韩元（往返），5500韩元（单程）；小孩（满4岁~小学生）5000韩元（往返），3000韩元（单程）
- ·WEB cablecar.ttdc.kr

向人们诉说
心情的
美丽的壁画村

壁画村正在陆续走入韩国民众的视野。壁画在守护住了因年久失修而差点失去立足之地的村庄的同时，作为城市再生项目之一，受到很多人欢迎。虽然也有居民因成群结伴大批大批的观光客而感到生活不便，但是也有欢迎的居民。但像是大声喧哗、随地拍照、随便扔垃圾等问题也是需要解决的。游客和居民互相尊重才最好。快去发现那些隐藏在其他地方的壁画村吧！

美丽的壁画村有如此多。

安静地观光是最基本的礼仪！

首尔

首尔梨花洞壁画村
·ADD 首尔市钟路区梨花洞

首尔弘济洞蚂蚁村
·ADD 首尔市西大门区弘济洞

京畿道

军浦纳德巷壁画村
·ADD 京畿道军浦市速达洞纳德巷

安城卜居村
·ADD 京畿道安城市金光面山阳卜里

江原道

宁越毛云洞村
·ADD 江原道宁越郡金斗笠面
注文2里

太白上长洞壁画村
·ADD 江原道太白市上长洞

忠清道

清州秀岩巷壁画村
·ADD 忠清北道清州市上党区寿洞1

大田大洞天空公园壁画村
·ADD 大田市东区大洞

庆尚道

安东新世洞壁画村
·ADD 庆尚北道安东市新世洞

庆州邑川港壁画村
·ADD 庆尚北道庆州市阳南面邑川里

釜山甘川洞文化村
·ADD 釜山市沙下区甘川二洞

釜山门岘洞壁画村
·ADD 釜山市南区门岘洞

釜山楮田巷壁画村
·ADD 釜山市西区东大新洞二街

全罗道

丽水姑苏洞壁画村
·ADD 全罗南道丽水市姑苏洞

釜山

BUSAN

名不虚传的韩国的第二首都，正是釜山。城市的人口、规模或者影响力等这些客观的问题暂且不谈，这里有历史悠久的村庄，熙来攘往的观光名胜，华丽的大规模建筑和以超级摩天大楼诞生的MARIN CITY等这些更能充分证明它的地位。特别是KTX运行之后，釜山往其他主要城市变得更加便利了，当日来回或者小住一晚的旅客大大地增加了。海云台毋庸置疑是釜山的热门景点。到了夏天，海云台挤满了从全国各地聚集而来的游客，形成了独特的氛围，与众不同的夜总会、咖啡店、饭店吸引住了游客们的眼球。如果不喜欢人多的感觉的话，推荐比较幽静的广安里或者松亭。清闲的多大浦作为釜山看日落的景点，虽然离市内有点远，但是也是值得一去的地方。在海云台附近的机张郡的风景也很与众不同。釜山夹在南海和东海之间，虽然已经颇负盛名，但是身临其境后还是会发现很多意想不到的新乐趣。个性十足的、繁华的大学街周边有美丽的商店、寓有历史的书店胡同和有着国际市场的南浦洞一带，盛产猪肉汤饭、冷盘猪脚、擀面等小吃，南浦洞一带的小吃街，甚至是在秋初展开的让釜山市内热闹非凡的"釜山国际电影节"。这里就不一一罗列釜山的众多魅力了，现在开始跟我去感受吧！

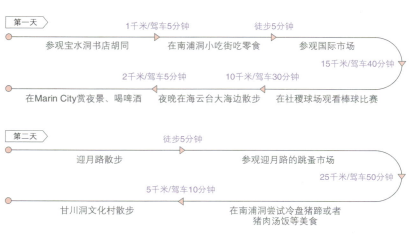

釜山旅行推荐路线2天1夜

第一天

参观宝水洞书店胡同 → 1千米/驾车5分钟 → 在南浦洞小吃街吃零食 → 徒步5分钟 → 参观国际市场

15千米/驾车40分钟

在Marin City赏夜景、喝啤酒 ← 2千米/驾车5分钟 ← 夜晚在海云台大海边散步 ← 10千米/驾车30分钟 ← 在社稷球场观看棒球比赛

第二天

迎月路散步 → 徒步5分钟 → 参观迎月路的跳蚤市场

25千米/驾车50分钟

甘川洞文化村散步 ← 5千米/驾车10分钟 ← 在南浦洞尝试冷盘猪蹄或者猪肉汤饭等美食

釜山海鸥的棒球之魂——社稷球场

跟棒球相关的大热趋势是从釜山开始的吗？这个问题的答案从社稷球场遇到的球迷们随身携带的物品就可以看出来。边使用着各种助威道具，边吃着在普通饭店买不到的美食，一看就是助威老手的样子。连平时不怎么喜欢棒球的人在社稷球场也会忍不住想挥起胳膊玩一下呢！想知道釜山人有多热情的话，就来社稷球场看看吧！

SUPERJUNIOR's EXPERIENCE KOREA

不管怎么说，
还是在棒球场吃点什么吧！
我要香肠！

我要热狗！

"比赛前有国旗敬礼仪式。请各位观众朋友起立向太极旗敬礼。"

哥，这其实是我第一次来棒球场，不过真挺有意思的！

我也不常来棒球场，但不是有句话叫
"提起釜山说棒球，提起棒球说釜山嘛"！
所以想着一定要来社稷球场看看。

平生第一次来的棒球场竟然就是哥所说的"提起棒球说釜山"的釜山社稷球场,真是更让人兴奋啊!

对了,我在这有朋友,三垒手黄载均(音译)!是我的朋友!下次一定要叫他一起来。

真的? 是那位选手吗?

嗯! 哥下次我们和他一起来吧,棒球跟其他运动比起来有独特的魅力啊!

社稷球场

釜山巨人队的主场。釜山市民都有着顽强、有魄力的棒球精神，每次棒球比赛期间，市内的酒吧都是一片人声鼎沸，桑拿房里面大家用毛巾包成羊帽子的样子讨论着棒球，社稷球场也淹没在一片橘黄色垃圾兜（垃圾袋，京尚道方言）的海洋里。把橘黄色垃圾袋套在头上，密密麻麻地坐在球场里看球的观众，绝对也是一道奇观。

· ADD 釜山市东来区社稷路45号
· TEL 051-505-7422
· WEB www.giantsclub.com

MAKING

 # 01

随心所写的书法

宝水洞书店胡同的人气像竹节一样越来越高，这都要归功于热爱书店胡同的人们的不懈努力。其中的一个例子就是书店胡同文化馆筹办的一系列请大家自由书写的文化活动。为了参加活动来到这个地方的人渐渐多了起来，设计师吴尚烈（音译）开的画廊就是其中一家。把书里面最基本的文字用艺术加工的形式表现了出来，把韩语的美表现出来的这种书法，令人印象非常深刻。

SUPERJUNIOR's EXPERIENCE KOREA

"让艺术得到升华的手写字体, 被称为书法,
是电脑上没有的手工制作哦!"

在宝水洞书店胡同入口处的画廊里挑战了书法, 像老师说的一样, 这里的字全部像画一样。这是电脑里面绝对没有的, 因为是我自己的亲手写出来的字体。

"随便自由地写吧，反映着写字人不同性格的字体，才是书法的本质哦！"

我在发抖，哈哈哈！

写什么好呢？呃……

哥！我们写"SuperJunior飞吧"？哈哈哈……

好啊！现在已经练习好几遍了，这次就当做要放在相框里的那样认真写吧！

好了！哥你打算呢？哈哈哈，釜山海鸥？

嗯！因为来釜山了嘛，你想写什么呢？

呃……这个怎么样？我还活着！

哈哈哈，行啊，来釜山就想说釜山话了。
那我要写……我爱你（釜山口音）！

嗯哥，我也爱你！

我们JSuperJunior，飞得更高吧！

虽然知道平时常用的那些特殊字体是由专业人士手写的, 但 "书法" 这个名词是通过这次机会才得知的。今天完成的不是什么了不起的作品, 不过是跟随自己的心境写出来的字, 竟然能成为艺术作品, 这真是神奇啊! 也非常有趣!

看着好像很容易, 但其实真的很难啊!
老师, 谢谢您写了那么帅气的 "SuperJunior" 的字样!

画廊

在这里, 地下一层是首席设计师吴尚烈的作品展示, 一层是工作室和教室。本以为是轻松随意写成的, 我也能很容易就写成那样呢, 可是真正开始写了5秒我就明白了写成那么漂亮一点也不容易。不过老师一直鼓励说, 根据每个人的性格不同, 才能写出自己的书法, 我就勇敢地写, 直到停不下笔了。画廊分为单次的书写体验和定期讲座两种形式, 有兴趣的话一定要来挑战一下, 如果没有时间的话到地下一层看看展览也行, 看着美丽的书法就会不由自主地停下脚步了。

· ADD 釜山市中区大庆路 63-1合一大厦1层
· TEL 051-625-0618
· WEB blog.naver.com/funtouch

TASTING

01

对着灯火辉煌的广安大桥，干杯

也许因为是众多外国观光客慕名而来的缘故，海云台一带有着跟釜山市内其他地方都不同的异国情怀和自由自在的氛围。近年在距海云台5分钟车程的地方多了许多高级公寓和新兴的商业区，那就是MARIN CITY！MARIN CITY处处都有烧烤店和饭店。海岸线附近也有很多可以看夜景的饭店和俱乐部。

但是……难道现在这里还是冬天？有点冷呢！哈哈哈……

晚上还是有风啊，
暖和的时候来的话应该更好吧！

广安大桥真漂亮啊，有种在国外的感觉。
这时候喝一杯啤酒真是太棒了！

是啊，就好像坐在很有气氛的露天咖啡馆里，
在欧洲的某个陌生城市一样自由自在的感觉。

随着高级公寓陆续建起，MARIN CITY的人气越来越旺。
那里好吃的小吃店很多，有名的烧烤店也处处可见。

面对着广安大桥，像国外一样在露
台上坐着看风景相当不错，吃着东
西再喝一杯啤酒，这种气氛真是
太好了。真想跟兄弟们在一起好好
醉一场，哈哈哈！

SHAHSLYK

国内正宗的俄罗斯餐厅并不多，这家店在板桥、佑洞和MARIN CITY总共有3家店。SHAHSLYK是西伯利亚语"羊"的意思，俄罗斯语"烤肉串"的意思。羊排是SHAHSLYK的招牌菜，在羊肉爱好者中人气很高，除此之外还供应披萨、意面、咖喱等各式各样的美食，还有俄罗斯啤酒和伏特加。可以观赏海景的露天餐位是这家饭店的特点，再加上一杯啤酒真是再惬意不过了。

· ADD 釜山市海云台区MARIN CITY3路 51 ADELESS 商业街106、107号
· TEL 051-747-4922
· WEB www.shahslyk.com/marine

TASTING

02

在釜山的最后一晚，海鲜Party

如果有人说"我住在釜山"，人们第一反应总是"哇啊，那一定常吃生鱼片吧"。有时候，釜山人听到这种话还会生气，因为大家以为釜山人只吃生鱼片。不过，这都是因为人们对釜山拥有既丰富又新鲜的海产品羡慕嫉妒恨啊！不过釜山确实有很多海鲜店。最近人气很旺的MARIN CITY就有很多很好吃的店。

样子吓人的墨鱼君，
要不要剪开试试？

不会喷墨汁儿吧？
小心，哥！

看到装满了海产品的炖海鲜拼盘，
才有来到了海滨城市的感觉啊！

奎贤,你的筷子去哪了?
什么时侯开始用手抓着吃啦? 哈哈哈……

哥, 你不也是嘛!

MASIL

MASIL是一家海鲜专卖店,主打菜是装满沿海城市特有的新鲜海鲜的大份炖海鲜拼盘和海鲜汤。盛着满满新鲜海鲜的大拼盘就很与众不同,有虾、墨鱼,还有其他各种海鲜,一上桌,就会有"应该吃不了这么多吧"的感觉,但真正吃起来,那鲜美的滋味让盘子瞬间就见底儿了。这家店在新兴的MARIN CITY内,2层还有很好的观海座位。想找风景好又干净的海鲜店的话,来这就对了。

· **ADD** 釜山市海云台区MARIN CITY1路 91 斗山波塞冬101座2层
· **TEL** 051-744-6988

南浦洞 小吃街

说起著名的釜山小吃，当属猪肉汤饭、冷菜蹄膀、东莱葱饼、擀面等，如果错过南浦洞小吃街的小吃的话，你一定会后悔的。最近凭借李胜基在《两天一夜》节目中的宣传，本来就很有名的小吃街队排得更长了。在尝了一口盛满葵花籽和南瓜子的种子汤后，漫长等待的辛苦就化为乌有了。种子汤、拌粉丝、面条、红豆冰、甜豆粥、水年糕等都是必吃品，要是当零食一次都吃的话份量就太多了，建议分几次来吃。

·ADD 釜山市中区光复路35号

祖母伽倻小麦面

可以代表釜山小麦面的祖母伽倻小麦面店,有小麦面、拌面、包子这三样招牌菜。小麦面是釜山特色,在当地并不难找,但要问釜山哪里小麦面最好吃,当地人都会推荐这里。跟一般的面条和冷面不同,小麦面因其特殊的口感和味道,有特别爱吃的人,也有吃不惯的人。

· ADD 釜山市中区光复路 56-14
· TEL 051-246-3314

FEELING

 # 01

充满了书的香气和字的声音的宝水洞书店胡同

在大型书店纷纷关门的今天，历史悠久的旧书店却依旧存在着。特别是喜欢新事物的初高中生们，更喜欢在新学期开学时来这里买书，真是令人印象深刻。除了高雅的人文类书店外，还有参考书书店、外文书店以及旧杂志店、漫画店等各种各样有特色的书店。在熙来攘往的城市生活中，感到疲倦的人们纷纷选择来书店胡同散步，这里也是釜山旅游的必到之地。书店胡同和国际市场离得很近，可以一道参观。

SUPERJUNIOR's EXPERIENCE KOREA

书店胡同，本以为是只有旧书店的，等进了一家聚焦了女
高中生的书店一看，不仅见到了记忆中的《数学定式》，
还有《英语基本写作》，哈哈哈！
因人们不常阅读而导致书店关门的今天，这些书店还能
长久地维持下去，真是感触颇深。

在台阶旁边的一家小书店驻足片刻。

《首尔法学院的孩子们》，这本书应该符合我的英文水准吧，我要读这个。

哈哈，哥，你在干嘛啊？怎么突然看起英文书了？

怎么了？学究型的书不适合我吗？那你从刚才就一直在那干嘛呢？啊，在看LP版啊。

哇！这里有特别多特别好的老歌LP，嗯，蓝蓝的天空下自由自在，想跟你一起走～～♪

宝水洞 书店胡同

朝鲜战争之后，釜山曾作为临时首都，那时聚集在宝水洞地区的难民收集了当时从美国部队流出的旧书、杂志、漫画等然后进行转卖，这样就形成了宝水洞的书店胡同。从那时起，这里的旧书店渐渐多了起来，现在已经成为全国最有名的书店胡同之一。初高中学生常去的卖参考书和作文集的书店是几年前宝水洞书店胡同文化局开办的，书店胡同不只是卖旧书的地方，更是不同的文化与文化间交流和碰撞的地方。

·ADD 釜山市中区书店胡同路
·WEB www.bosubook.com

这里的书看起来很有趣!

FEELING

#02

釜山夜晚的海，闪着美丽的光

提起釜山，就不得不说海云台了。濒临东海和南海的釜山，有以凤尾鱼出名的市场，有以日落出名的多大浦海水浴场，还有约会圣地太钟台，所以曾经去过釜山的游客们还有没到过海云台的吗？不过去了海云台，只去海水浴场的话就连海云台的一半景致都没看到。晚上的海云台散去了白天熙熙融融的人流，才真正的散发出大海独有的魅力。看看经过的路也好，漫无目的看着茫茫的大海也好，牵着爱人的手悠闲地散步也好，这才是真正的海云台。

这是春天的海云台海边，
虽然有风，但很有气氛。

很久以前就想来了，真好！

我本来就很喜欢大海，
海云台大概来了五次了，
觉得这里的海任何时候都很美，在海边散步感觉很好，
看着海吃生鱼片也很好。

跟谁一起散过步呢?

有次和厉旭一起来过, 从这边走到了那边。

啊, 上次好像说过了, 听说你们之间一句话也没说啊? 哈哈!

哦……是吗? 男人之间散步可能就是这样吧,
也许是因为海太漂亮了。

红酒，啤酒，音乐，还有夜晚的海，这样的野餐具棒！

和有阳光草地的野餐比起来，完全是不同的气氛啊！

在新闻报道上看到的海云台都是
夏日阳光下人群熙熙攘攘的样子，
像这样安安静静的春天的夜海，有着完全不同的魅力。
下次要跟谁一起来看这样的海呢?

海云台

不需要再多做说明，这就是韩国最具代表性的海滩。海云台的海水浴场每到夏季就热闹非凡，游客从各处赶来甚至会导致交通瘫痪。周边的商业设施也日新月异地发展，有特色的饭店、咖啡店、露天酒吧、俱乐部，往返于其间会觉得一天的时间非常短暂。但是只去夏天的海水浴场的话真是有点可惜，即使不在旺季也有各种庆典举行，而且冬天和春天的夜海也非常美丽。

· ADD 釜山市海云台区海云台海滨路
· TEL 051-749-7614
· WEB www.sunnfun.co.kr

迎月路

迎月路是连接海云台海水浴场和松汀海水浴场的一条迂曲的山路。春天，沿路开满了樱花，灿烂的美景会让你忘了登山的疲倦。每到花季，这条路就变成了停车场。从海云台出发往东走一点，从米浦五岔路口爬坡1千米左右，就会看到各种饭店和咖啡店。天气好的时候登山也很不错。还可以在3月~11月间天气晴朗的周末去逛逛跳蚤市场。

· ADD 釜山市海云台区迎月路
· TEL 051-749-5700（海云台综合观光问询处）

甘川洞 文化村

据说朝鲜战争的时候，信仰韩国传统宗教太极图教的4000余人聚集在了一起，逐渐形成了现在的甘川洞文化村。由于当时人们都穿着花花绿绿的衣服，这里也被称为"美丽的彩色村"。

釜山崎岖的地形虽然行走起来不太方便，但是建造在崎岖地形上的这个小村子却有着了令人惊叹的魅力。越来越多的艺术家们来到这里，用壁画和墙版画给这个村子增添了不少艺术效果。2012年这里接待了10万名游客，还作为再生城市的典范被报道，甚至还有非洲坦桑尼亚的高级官员来实地考察，文化村已经渐渐名誉海内外了。

· ADD 釜山市沙下区监内1路200
· TEL 051-293-3443
· WEB www.gamcheon.or.kr

早晨在首尔吃早饭，下午在加平喝茶，晚上在仁川前海岸吃蛤蜊，这就是"一日游"之旅。虽然行程稍微有点赶，但也是一次既悠闲又轻松的旅程。

TRAVELER
星敏、强仁

京畿道

GYEONGGIDO

SUPERJUNIOR's EXPERIENCE KOREA

加平
杨平
坡州
仁川

正在读这本书的你住在哪里呢？

首尔？釜山？光州？济州？

……

对于和我们一样在生活在首尔、盆唐、日山等
新城市里的人来说，京畿道是什么样的地方呢？
不管怎么说，比起旅游圣地更像是闲来无事随意去一下的地
方吧？
我和强仁哥要介绍的就是这个地方。

包围着首尔的京畿道的各个城市被人们称为首都圈，也就是和首都在同一个生活
圈的意思。所以我们计划了一次首都圈的旅行。在首尔吃过早饭，加平喝下午
茶，在仁川前海岸吃蛤蜊，这就是"一日游"之旅。虽然行程稍微有点赶，但也
是一次既悠闲又轻松的旅程。
提起京畿道，首先想到的词就是"休闲自在"，MT的著名场所加平和有丰富美
食的杨平，还有出版社基地坡州，都是我们心中修养圣地的代表。京畿道有很多
法国、非洲、中南美、蒙古等国家的文化馆，是非常不错的旅行地。从首尔出发
不到一小时就可以领略地球那边的文化呢！其实，在制定这次旅行计划前还不知
道那些地方，但去一次后就每个周末都盼着去了。另外，不看月尾岛的夜海和仁
川国际机场的话，还能算到过京畿道吗？这样看来，仁川真是京畿道旅游的开始
和结束的地方呢！"这周末去哪玩呢？"别人这么问的时候，我能很自信地推荐
出来京畿道和仁川好玩的地方，现在让我们一个个的介绍吧！

ENJOY
乘坐高空飞索
兜风去

MAKING
寻找我专属的香气，
我专属的香水

MAKING
刚摘下的新鲜草莓
甜蜜接触

FEELING
清晨，
在雾中的两水里散步

ENJOY
书的生产殿堂——
坡州

TASTING
在新浦国际市场
才能吃到的五色包子

MAP & INFO

包围着首尔的京畿道比想象中还大，首尔东边是山水秀丽的加平和杨平，西边是濒临海岸的仁川，南边是有很多民俗村的隆仁，北边是出版聚集地和惠邑里艺术村坐落的坡州。这其中，东边的加平和杨平是首尔人热衷的旅游地，有钓鱼、滑水、赛艇等众多休闲活动，也有周末农场等众多项目吸引着一家人来游玩。现在京畿道作为首都圈已经和首尔变成了同样的生活圈了。很多人住在京畿道去首尔上班，或住在首尔去京畿道购物和游玩，便利和多样的交通方式给这一切提供了保障。另外，首尔西边的沿海城市仁川是最近的首都圈城市，在这里，可以体验跟大海相关的一切，中国城、新浦国际市场等仁川特有的文化体验也是城市旅游的亮点。

月尾岛

仁川

中国城

龟岛高空飞索

坡州出版园

加平

坡州

过수원집 고흥

小法国村

两水里

杨平

草莓采摘园

加平

GAPYEONG

在加平，可以同时体验有意思的休闲活动和自由自在的感觉。如果现在就从江南出发上首尔春川高速公路，30分钟内就可以到加平想去的地方，如此便利的交通便是最大的优势。就算几年前交通还不像现在这么发达的时候，从清凉里坐火车去加平就已经是热门的旅游线路了。直到现在，火车仍然是大学生们郊游和情侣约会的重要交通工具。加平有小法国村、晨静园艺树木园、离化园等景点，还有水上运动、骑马、ATV、真人CS等游戏。

加平旅行推荐路线

3千米/驾车10分钟

离化园，龟岛散步　　　　　　　　体验高空飞索、参观南怡岛

17千米/驾车35分钟

16千米/驾车35分钟

参观加平法国村　　　　　　　参观龟岛自动露营场

ENJOY

01

坐的时候很晕，下来后发麻！乘着高空飞索飞吧

高空飞索！以前只是听说而已，这是第一次坐。在出发塔入口处登记身高、体重和电话号码的时候还想说"哎！也没什么特别的嘛"，但是一坐着电梯上到顶层往下看的一瞬间就感觉"啊！不是开玩笑啊"。也许是因为脚悬空，身体一直往前倾，某个时刻就像身体在空中飞一样。虽然只有1分钟的时长，也真的有飞翔的感觉。

SUPERJUNIOR's EXPERIENCE KOREA

晟敏啊，售票处前面的高空飞索视频看到了吗？
是利特哥在《我们结婚了吗》
里面拍的乘坐高空飞索的视频。

看到了，利特哥的表情特别逗啊！

这电梯真是高啊!
往下看还挺紧张。
我本来就跟机械的东西不合。

哥, 你知道最令人感到害怕的高度是多少吗?

知道, 11米嘛! 啊, 好紧张!

我也有点紧张,
据说要把腿一直伸着才会安全到达呢。
哥, 左边是去龟岛的高空飞索,
右边是去南怡岛的。

是吗? 那咱们去南怡岛!

哥, 很快就到了, 放轻松点啊!

哇! 太有意思了!
从江上面飞过的时候,
风景真是太美了!
哥, 不错吧?

腿悬在空中有点紧张, 不过没有想象中
的吓人啊, 很好玩。

哈哈哈, 我相信你。

SUPERJUNIOR's EXPERIENCE KOREA

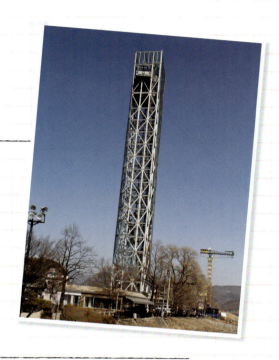

高空飞索

在北汉江边加平郡达田里码头，有一座高8米的塔。从这座塔到龟岛645米，到南怡岛940米，高空飞索就是和这两个岛相连接的、最高时速达到80千米犹如在空中飞行一般的绳索。两人一组同时出发，大约1分钟即可到达南怡岛。因为是无动力自由落体驱动，是一项低噪声、无污染的环保休闲活动。

·**ADD** 京畿道加平郡加平邑北汉江边路1024
·**TEL** 031-582-8091
·**WEB** www.zipwire.co.kr
·**PRICE** 龟岛 30000韩元 (包含龟岛→南怡岛 乘船费用)，南怡岛 38000韩元 (包含南怡岛门票和船票)

加平蹦极

提供55米的水上蹦极、水上攀岩以及提供时尚住宿的极限运动休闲城。是韩国国内最有名的蹦极、滑水、香蕉赛艇等各种各样的水上活动。

·**ADD** 京畿道加平郡加平邑北汉江边路1044-15
·**TEL** 031-582-5372
·**WEB** www.ktopland.co.kr

Club Fish

Club Fish 是拥有54个包间的综合休闲活动场地，停车自由是一大优势。这里有12种水上游乐设备、滑水、帆板、水上摩托等，还有ATV山地摩托、真人CS等可以带着流线型头盔的游戏。

·**ADD** 京畿道加平郡加平邑北汉江边路160
·**TEL** 02-555-1305
·**WEB** www.club-fish.co.kr

ENJOY

02

京畿道和江原道的边界——南怡岛

通过这次旅行，还学到了有趣的知识，我和强仁哥一直以为南怡岛是京畿道的，可从行政划分来看南怡岛竟是属于江原道的，对着南怡岛的码头则属于京畿道。虽然有点分不清楚，但也算是京畿道和江原道都逛了。从京畿道坐着高空飞索来到江原道的南怡岛，在那散步之后又坐船回去，大家如果来南怡岛游玩的话也跟我们一样试试两种不同的体验吧！

尽情玩吧!

哥，从这儿看，
真是刺激啊！

晟敏，你以前来过南怡岛吗?
我是第一次来，原来坐船10分钟就到了啊！
今天体验的"第一次"还真多。

我今天也是第一次在这坐船。乘着高空飞索来再坐船
回去这个路线真棒！

哇！空气真好啊！呼吸着新鲜空气散步真清爽！

哥，来抓我啊，哈哈哈！

喂！不要做这种肉麻的事！

南怡岛

通过乘坐高空飞索和乘船两种交通方式都可以到达南怡岛，电视剧《冬季恋歌》里出现的著名的散步路也在这里，有人力自行车、电动自行车、迷你电瓶车等多种休闲工具，还有演出场、展示板、工艺园等多种文化设施，绝对不会浪费一天的游玩时间。这里禁止露营和野炊，但宾馆和饭店里可以买到鸡排、意大利食品、韩餐、便当、中餐等，就餐相当便利。

·ADD 京畿道加平郡加平邑北汉江路1024　　·TEL 031-580-8114　　·WEB www.namisum.com
·PRICE 门票10000韩元〔包含往返船票〕

晟敏，
外国游客们认出我们了，
一起来拍照吧。

好啊，
哥，但是船要开了，快点来。

在龟岛一点一点 慢慢地放松自己

加平被长乐山包围着，这里很适合散步或以放松为目的的悠闲旅行。强仁哥和我从首尔出发一小时后到达了以露营和放松之旅而出名的龟岛。像湖水、森林浴场等可以散步放松的场所在龟岛有很多。也可以去龟岛旁边的离化园看看，全年都保持在一定温度的温室里种着很多像香蕉、咖啡树这样的热带植物。离化园边上就是露营场地，最近露营活动大热了起来，人们都喜欢在野外烤肉吃，烤肉的时候散发出来的味道真是种享受啊！每到周末，露营场地的位置就全被预约了。在野外的大自然中睡一晚，想想就觉得激动啊！

BY 晨吸

离化园

"离开后遇到不同的人，有各自的发展和造化"，这是离化园名字的由来。这里有巨大的塑料大棚、巴西咖啡农场、竹林苑、高兴柚子园、绿茶园等主题园地，可以见到热带植物和热带水果。还有珍贵的200年树龄的咖啡树和500年树龄的橄榄树，买门票的时候还能品尝到一杯柚子茶或一小杯咖啡，也有可以散步的小路和凉亭。

·ADD 京畿道加平郡加平邑龟岛64
·TEL 031-581-0228
·WEB www.ewhawon.com

1

晟敏，
外国游客们认出我们了，
一起来拍照吧。

好啊，
哥，但是船要开了，快点来。

在龟岛一点一点
慢慢地放松自己

加平被长乐山包围着，这里很适合散步或以放松为目的的悠闲旅行。强仁哥和我从首尔出发一小时后到达了以露营和放松之旅而出名的龟岛。像湖水、森林浴场等可以散步放松的场所在龟岛有很多。也可以去龟岛旁边的离化园看看，全年都保持在一定温度的温室里种着很多像香蕉、咖啡树这样的热带植物。离化园边上就是露营场地，最近露营活动大热了起来，人们都喜欢在野外烤肉吃，烤肉的时候散发出来的味道真是种享受啊！每到周末，露营场地的位置就全被预约了。在野外的大自然中睡一晚，想想就觉得激动啊！

离化园

"离开后遇到不同的人，有各自的发展和造化"，这是离化园名字的由来。这里有巨大的塑料大棚、巴西咖啡农场、竹林苑、高兴柚子园、绿茶园等主题园地，可以见到热带植物和热带水果。还有珍贵的200年树龄的咖啡树和500年树龄的橄榄树，买门票的时候还能品尝到一杯柚子茶或一小杯咖啡，也有可以散步的小路和凉亭。

·ADD 京畿道加平郡加平邑龟岛64
·TEL 031-581-0228
·WEB www.ewhawon.com

晨静园艺树木园

晨静园艺树木园占地10万平方米、内部包含了20多个韩国园林艺术主题园。庭院内部的全景展望台和西华园是必去景点，乡屋园、盆栽园和月光园处处都有看点，走到哪都风景如画。逛累的时候，坐在韩屋里休息一会儿真是太惬意了。

·ADD 京畿道加平郡水木园路432　·TEL 1544-6703　·WEB www.morningcalm.co.kr

龟岛自动露营场

北汉江边的龟岛自动露营场是韩国三大露营场之一。2008年这里举办了加平世界露营博览大会，是首都圈范围里最大的露营场。这里的优势就是被江水和山包围着，早晨起来能看到仙境一般的水雾，最近又举办了爵士音乐节、露营狂欢节等多种大型活动。如果自己没有帐篷也可以从自动露营场的帐篷售卖机中购买。

·ADD 京畿道加平郡加平邑龟岛路60　·TEL 031-580-2700
·WEB www.jarasumworld.net

MAKING

#01

想记住只属于我的香味

有一个故事，一个从出生身上就没有任何味道的男子，却能够辨识出世界上所有的香味，为了寻找到更有魅惑力的香水材料走上了杀手之路……这是以前看过的一部叫《香水》的电影。像影片的主人公一样，现在我们也可以制造出只属于自己的香水了，在加平的小法国村里，就有这样一个可以制造属于自己香水的地方。

BY 强仁

SUPERJUNIOR's EXPERIENCE KOREA

为了制造只属于自己的香水，首先要完成性格测试。
来填一下吧，有A到D四种呢！

哥跟我都是B型啊！
B型是健康有活力的性格，
跟我好像啊！

首先闻一闻各种香水的味道，挑选出两三种。
把挑出来的香水和必选香水混合在一起，然后就完成了。

我是嗅觉发达的类型，对香味也很敏感，应该可以做好吧！

我好像不太适合调香，可能嗅觉不太发达，
这个甜甜的香味不错，我要1、2、3号香味。

介绍上说这种必选香水要放120滴，自己选的每种放30滴。

SUPERJUNIOR's EXPERIENCE KOREA

我喜欢的香味能再多放点吗?

可以的, 总之自己挑选的香味一共放90滴,
按照自己喜欢的比例调配才是属于自己的香水嘛!

那我按照 30：20：40的比例放了。

这个应该什么时候放呢? 我就按照自己的判断随意放
了, 哈哈!

OK! 香水都放进去后用小勺搅拌80次。

啊, 手好痛。

晟敏啊，我制作的香水味道太浓了。

啊，据说在阴凉的地方放一周的话香味会
自然变淡的。
然后再用就可以了。

我做的香水有葡萄柚的味道，
哥，要闻一下吗？

我喜欢的甜甜香味，
再多放一点。

FEELING

#01

在仿佛能遇到小王子的小法国村散步

小法国村是加平著名的旅游景点之一。这个地方我俩都是头一次来，真的像法国的小乡村一样，很有趣。这里有很多可看可玩的，例如，电视剧《贝多芬病毒》中主角的家、广场的整点表演、专属香水制作、画室、八音盒欣赏，还有异国风情的住宿等。这里还可以一边喝咖啡一边欣赏加平全貌，而且悠闲的散步、拍照也非常适合。

BY 晟敏

广场上有乐队演出、提线木偶演出等各种表演。
在演出的间歇，我和晟敏还挑战了一下提线木偶表演。

晟敏啊，提线木偶是用线连接木偶的各个部位，然后用手指控制木偶的动作、表情的表演。
我们也来挑战一下吧？

那我来演迈克尔·杰克逊人偶! 看我的舞步吧!

人偶啊，动起来吧! OPPA ,江南STYLE!

迈克尔·杰克逊的月球漫步。Bom Baa Bom Baa……

不错啊，跳的很好嘛! 我这就不行。
你是歌手吗? 为啥这个玩得这么好!

这点程度算什么啊，哥也用手指多动动试试。

感觉像在法国某个小镇上拍摄海报。

我想体验一下这个地方凉爽的早晨。

晟敏啊, 游戏开始! 输的人请喝咖啡!

好啊, 我是不会输的。

啊, 这个怎么这样?

哎, 那是哥失误了嘛!
所以我赢啦!

晟敏啊，哥给你做首曲子吧！

哥，这是《贝多芬病毒》里面姜指挥的房间啊？
怎么样？我像钢琴家吧？
有主角的风范吧？温柔地弹奏一曲吧？

喂，小声点弹。贝多芬是忧郁的样子嘛！
不过我是不是很像姜指挥？

哈哈哈，Pose挺像。

我喜欢钢琴演奏！
弹钢琴的时候心情也变得平和了。

吃饭的时光一直都很美好。
小法国村庄里的菜单全是西式的。

不会是因为游戏输了
这咖啡才这么苦的吧?

吃完晚饭后再喝一杯咖啡,俯瞰着加平全景,
心里有种特别通透舒服的感觉。

怎么样? 我像不像玄彬哥?
这张照片用手机拍吧,我要发给玄彬哥,哈哈哈!

韩国地球村
文化体验

法国、中南美、非洲、蒙古、德国……这些都在假期想去的列表里。那就来地球村吧，来这里不用买昂贵的机票，不用请好几天旅行假，还可以轻松摆脱首尔的拥挤。这里是一个宽阔、自然，又有异国风情的地方

近的在首尔市内或者京畿道，远的在南海。现在就来介绍一下这些地球村吧！

小法国村

汲取了法国文化精髓的小法国村，是有着跟法国相似的欧洲多样化文化以及各种演出的主题公园。这里汇集了魔术表演、传统的手玩偶表演、提线木偶表演，还有法式绘画课、石膏雕塑课等文化课，还有打击乐演出、攀岩、击剑体验、射箭体验等。

· ADD 京畿道加平郡清平高成里 616-1
· TEL 031-584-8200
· WEB www.pfcamp.com

中南美文化园

当了30年墨西哥大使的李福行（音译）馆长，在文化园里展览了他的个人收藏。文化园有美术馆、博物馆、宗教展示板、雕刻公园等，可以散步或休息，也可以欣赏中南美艺术文化。餐厅里有西班牙肉菜饭、墨西哥卷饼等中南美美食；博物馆里有对代表中南美文化的玛雅文化、阿兹特克文化、印加文化等从古代到现代的多种多样的介绍；美术馆里有中南美代表性画家的作品；雕刻公园里有陈列在户外的12个中南美国家具有代表性艺术家的作品。

· ADD 京畿道高阳市德阳区33-15
· TEL 031-962-7171
· WEB www.latina.or.kr

非洲艺术博物馆

2006年开设的非洲艺术馆是韩国唯一一个综合性非洲文化体验
基地。可以参观从坦桑尼亚、肯尼亚、津巴布韦等30多个国家的
150多个民族收集到的3700多件历史遗物、艺术制品、工艺品等。
博物馆分为室内博物馆和室外展示场，室外有演出场、体验学习
场、散步路、荷花池等。可以在宽敞的室外边散步边参观雕刻制
品，或者在非洲民俗村里亲手制作艺术品，还能学习非洲传统艺
术。

·ADD 京畿道抱川市小笏邑光陵树木园路967
·TEL 031-543-3600
·WEB www.amoa.or.kr

蒙古文化村

蒙古文化村是为了纪念南杨州市和蒙古的乌兰巴托市建立友好城
市关系，在蒙古也建有南杨州市文化馆。蒙古文化村里可以见到
雕刻有蒙古传统花纹的门、游牧民特有的建筑样式、民族服饰、
蒙古手工艺品等。通过民俗艺术表演和马术表演可以近距离了解
蒙古文化艺术，还有多种少儿活动项目。在户外散步或在展览馆里
观看韩国和蒙古的外交历史也不错。

·ADD 京畿道南杨州市水洞面飞龙路1635
·TEL 031-590-2793
·WEB www.mongoliatown.co.kr

首尔中央清真寺

地处黎泰院的首尔中央清真寺是韩国最早也是最大的清真寺，近
年来，伊斯兰国家的移民激增，来这个地方朝拜的穆斯林也越来
越多。这座清真寺是由韩国政府提供场地、沙特阿拉伯等伊斯兰
国家共同出资，于1976年建成的。中央的圆型屋顶和两侧的尖塔
完全按照伊斯兰教传统样式建造而成。墙壁是整体的白色，部分
装饰有天蓝色瓷砖，就连细小的花纹都散发着异国情调。还有一
所叫苏丹玛德拉莎的穆斯林学校。每周五是穆斯林做礼拜的日
子，参观的话要谨慎一些。

·ADD 首尔市龙山区右实段路10街39
·TEL 02-793-6908

德国村

德国村是1960~1970年代长期派遣到德国的护士、矿工等归国后
生活居住的村子。红色屋顶和白色外墙的德式建筑与蔚蓝的南海
相映成画，成为著名的旅游景点。当地人开设了很多旅馆，形成共
同体式生活方式。这里的日出和日落被称为奇观，10月份还有啤
酒节，在那里可以欣赏到德国音乐、拉丁舞蹈，还能畅饮德国啤
酒，品尝德式香肠。

·ADD 京南南海区三洞面艺术路 3

杨平

YANGPYEONG

从首尔出发坐火车40分钟就能到达杨平，这里是北汉江和南汉江交汇处，以山水秀丽而闻名。这里江水清澈，土地肥沃，物阜民丰。杨平以有很多度假别墅而闻名，喜欢周末旅行的游客们纷纷慕名而来。而且，杨平令人印象深刻的不仅仅是如画的风景，还有每到春秋之季野菜俯拾即是的龙门山，汉江水流的极限运动和乡村生活5日体验项目，还有随处可见的美食店，不管是谁来到这座城市，都可以或快或慢地享受旅行。

杨平旅行推荐路线

参观杨平两水里，画廊西宗 　　2千米/驾车5分钟　　 草莓农场采摘

在江边餐厅用餐 　　25千米/驾车40分钟

MAKING

#01

草莓蒂向上、又窄又长的更美味

哇！草莓！到达农场后看到一排排整齐的草莓的那一刻，想起了乡下的外婆。小时候在忠清道的外婆家总是从田地里摘草莓和蔬菜吃，不知道什么时候，那些回忆都淡忘了，不过对于在城市出生长大的我来说，这些回忆真是非常的珍贵。像我一样喜欢草莓的强仁哥也很认真地摘了草莓。在杨平就有这样的草莓农场，还能把现摘的草莓亲手做成草莓酱。以后每年春天都要来杨平摘草莓！

每一颗都很珍贵，这可是农夫的辛勤汗水啊！

我真的很喜欢草莓, 以前还在上学路上买
1000韩元的草莓去学校水房洗了吃呢。

真的? 我也特别喜欢草莓。
哥, 我们今天多摘点吧!

这草莓可以摘了吗?

强仁哥, 那样的还不是太熟,
那边的那种很红的是熟了的。

**挺懂的啊，
你知道的还真多呢！**

小时候去外婆家总摘嘛！

这样啊。摘的时候好像不能太用力，
得调整力度。

就挑那些红色的、熟了的草莓，
然后抓住根部一拽就下来了。
**草莓蒂向上、又窄又长的
更美味！**

哇！真甜呐！好吃。

亲手摘的一篮子
熟透了的草莓。

哥, 现在给我们摘的草莓裹上巧克力吧!

是在热巧克力里面蘸一下吧?

把草莓的三分之二放在热巧克力酱里面, 再拿出来
就好了。

再在巧克力凝固之前撒上彩色砂糖。

我来做一个牛奶巧克力草莓吧!

小孩子们肯定会很喜欢的。

我们自己做的巧克力草莓。

哥, 手洗干净了吗?
做草莓酱之前要先用手把草莓捏碎。

哇! 草莓软软胖胖的, 捏起来好奇怪啊!
晟敏, 用这个大棒子好好搅拌哦。

哥也搅拌试试。

东海早上常常把草莓酱抹在面包上吃, 看着真不错。
这个做好以后我也要抹在面包上试试。

强仁和晟敏的
草莓酱制作记

01 首先用手把草莓捏碎。

03 放入砂糖，再继续搅拌。

02 用大搅拌棒把草莓充分地碾碎。

04 搅拌到草莓很黏稠，
然后熬制30分钟就完成了！

刚刚做好的热腾腾的草莓酱，快来试吃！
不是很甜，可以直接吃，
涂在饼干上吃的话就既新鲜又甜蜜了。
和牛奶或酸奶搭配吃味道就更好了。

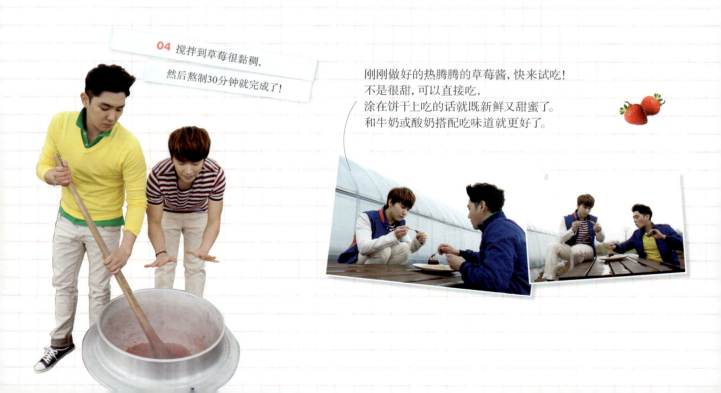

小农夫草莓采摘园

不是水耕栽培，也不是实验栽培，而是只在土地上培育的绿色环保的草莓园。在这里，农夫们还要为草莓花人工授精，共有两个体验场，150多个体验桌，还有秋千等各种娱乐设施，从12月到次年6月可以体验亲自采摘草莓。采摘到的草莓可以做成草莓酱或者蘸着热巧克力吃。

· **ADD** 京畿道杨平区阳西面两水里路 103-10
· **TEL** 031-771-1653

FEELING

#01

在水雾弥漫的
两水里散步

两水里是著名的杨平八景之一，
以前是小港口，现在除了摆渡船
以外已经找不到港口的痕迹了。
韩语里两水里其实是北汉江和南
汉江交汇处的意思。凭借早晨的
水雾和日出日落等美景，两水里
逐渐成为情侣们的约会圣地，同
时也为广大摄影爱好者所喜爱。
江边有约1千米的散步路，散步
路的尽头有一株约400年树龄的
榉树，据说这榉树一直在守护着
那个地方。树下面有一个青铜器
时代的支石墓。清晨来这里散步
的时候，也可以顺便参观附近的
石仓院和世美院，有非常奇妙的
感觉。

BY 强仁

这样的早晨来到两水里，
心也变得安静了。
晟敏你呢？

哥，我也是，一大早就看到这样的水雾，
不知为什么，有种很虔诚的感觉。

晟敏啊, 你知道两水里是什么
意思吗?

名字有点奇怪, 不太清楚啊。

两水里是北汉江和南汉
江交汇处的意思。

哇! 哥, 你是怎么知道的?

切, 这种事不就是常识嘛!

哥, 许个愿吧!

我希望可以结婚!
30岁结婚是我的目标。

真的? 那我也许这个愿吧?
我也希望可以结婚!

我要像哥一样好好地把石头垒起
来啊!

我也好好地垒了, 我相信愿望可以实
现, 哈哈哈……

好像把两水里和江水装进
相框里了,
这样的设计看起来好像一
幅画。

在这个地方谁都可以成为电影的一幕

1 两水里

两水里就是两江交汇处的意思。因400年的榉树、水雾和黄埔帆船而著名，春天或冬天昼夜温差大的时候可以透过水雾看美景，下雪的时候景色也非常秀丽，在江边散步相当不错。

· ADD 京畿道杨平郡阳西面两水路139号
· TEL 031-770-2068

2 西宗画廊

1998年开设的西宗画廊是由建筑家崔斗南（音译）设计的，在当时还是美术不毛之地的杨平刮起了一阵艺术风潮。画廊包含两层室内展览馆、50平方米左右的露台、600多平方米的雕塑公园。一进门就正对着姜大哲创作的"拉拽天空的男子"的户外公园，里面有50多个雕刻艺术作品，还有红酒周边产品商店。挖掘并展出艺术家们的优秀作品是这里的特点，国内外知名艺术家也积极参与展出。参观前最好提前电话预约。

· ADD 京畿道杨平郡西中面中密山路39-9
· TEL 031-774-5530
· PRICE 6000韩元（包含饮料）
· WEB www.seojongart.com

3 龙门山

海拔1157米的龙门山是京畿道内第四高山。山势雄壮，山谷幽深，自古就有"京畿金刚"之称。和龙门寺一起作为杨平最著名的旅游景点，也适合带着孩子来参观。龙门山被南汉江和鸿天江包围着，与周围有名的中原山、独一峰相拼在一起形成连绵的山势。沿着龙门寺西北边的山涧登到山顶，或越过龙门寺西北边的山陵到上院寺再到将军峰的路线是两条经典的登山路线。

· ADD 京畿道杨平郡龙门山路 782
· TEL 031-773-0088

坡州

PAJU

还记得朴赞玉导演的《坡州》吗？就像电影中弥漫着雾气的画面一样，坡州是雨雾较多的城市。这里的日落也很有名，黄昏时分从坡州到自由路的晚霞非常壮观，还有临津阁、统一花园等和朝鲜相关的历史建筑。十多年前建成的惠邑里艺术村、坡州出版园、英语村等，使这个城市成为艺术文化教育的头等功臣。近几年间，随着大规模的廉价批发市场开业，使这里渐渐变成了购物的天堂。从日山出发，只要15分钟车程，从首尔合井出发，需要30分车程，如此快捷的交通也为坡州旅游提供了便利。

坡州旅行推荐路线

```
                    2千米/驾车5分钟              42千米/驾车40分钟

  坡州出版园，              参观出版园大街              临津阁
  在咖啡书店喝杯咖啡
                                                        7千米/驾车15分钟
                    42千米/驾车40分钟

  参观惠邑里艺术村              绀岳山品尝野葡萄酒
```

ENJOY

#01

坡州出版园，爱书达人之城

如名字一样，这里是出版社聚集的地方。出版园大街两旁全都是各大出版社帅气的办公楼，走在街上犹如身处欧洲的小城市。从出版社的工作人员那听说，路两旁生锈的路灯和整顿的干净利索的招牌是这里的象征。在出版社经营的咖啡书店里看上一整天的书也无妨，拿着咖啡在路上悠闲地散步也很赞。不管你喜不喜欢书，都会禁不住流连忘返。最近还有书市，除了开心地看书以外，也多了一个来这城市的理由。

BY 晟敏

NOON

这是一家在出版社中开的咖啡书屋。《我的热饮笔记》里介绍的维也纳咖啡和甜豆拿铁是这里的主打单品。有趣的小商品和温暖的室内装修将气氛烘托得很好，咖啡书屋里的书可以看，也可以购买。新书有20%的折扣，出版一年半以上的旧书有30%的折扣，购买1万韩元以上可获赠一杯美式咖啡或茶，购买2万韩元以上可获赠任意饮品。

·**ADD** 京畿道坡州市回东路125-11HOY HYUNG出版1层　·**TEL** 031-955-7620　·**WEB** hohyungbook.blog.me

橄榄树

文发路旧书店胡同里的咖啡书店，从落地窗可看到江水、垂柳、芦苇、灰丹顶鹤。双层玻璃构造的屋顶，给人带来不一样的体验。

·**ADD** 京畿道坡州市文发路240-21
·**TEL** 031-955-7440
·**WEB** olive-tree.co.kr

字里行间

这是一家综合性书店，在桌前坐着能看到整个仙鹤山，有画廊可以不定期举办出版纪念活动和各种展示会，新书享受20%折扣，旧书享受30%折扣，退换的书也可以以均一价购买。有咖啡店专用的咖啡机，可以喝到2000韩元的自助咖啡，茶包和速溶咖啡免费。每周一不营业。

·**ADD** 京畿道坡州市回东路DOLBEGAE1层
·**TEL** 031-955-5029

乐天奥莱坡州店

欧式高级建筑和临近仙鹤山的美丽风景是乐天奥莱坡州店的特点。乐天奥莱坡州店是韩国最大规模的、拥有国际一线品牌以及各种国内知名品牌的奥莱店。有BANDI&LUNIS、乐天画廊、发廊、BENNIGANS、SCHOOLFOOD、PAULBASSET 等便利设施，在那逛一整天都没问题。

·**ADD** 京畿道坡州市文发路284　·**TEL** 031-960-2500

坡州 PREMIUMOUTLETS

在美国创始的PREMIUMOUTLETS和韩国的新世界切尔西结合，2007年在骊州创办了第一家店，2011年在坡州开了分店。这里有220余个品牌店铺、800多个座位、18家饭馆和咖啡店。在购物的同时还能逛逛坡州店惠邑里艺术村、坡州普罗旺斯村和临津阁和平世界公园等。

·**ADD** 京畿道坡州市必胜路200　·**TEL** 1644-4001

FEELING

#01

想要在阳光明媚时散步的小村庄——惠邑里

惠邑里艺术村是坡州最早的艺术家聚集地，有许多美丽的建筑和艺术制品，随着画廊的开业，出现了艺术工作室、风格独特的咖啡店，使这条街的艺术气氛渐浓。每到周末就有摄影爱好者和游人来这里参观，虽然有点拥挤，不过还是能感受到特殊的艺术氛围。从坡州出版园开车15分钟左右就到了，是一日游的好去处。有很多画廊和以玩具、乐器等为主题的特殊博物馆，如果想来参观需要预留大半天的时间。

我爱草莓

不仅可以看到草莓，还可以见到草莓屋、香蕉屋、屎娃娃馆等。在巨大的草莓屋里面转一圈后可以坐滑梯滑到草莓肚子里的游乐场，孩子们在这里蹦蹦跳跳地玩得很开心，还可以体验涂鸦。

· ADD 京畿道坡州市碳县面惠邑里村路 59-118
· WEB www.ilikedalki.com

THE STEP

惠邑里艺术村有与众不同的资讯产物和购物场所，由多样化的卖场和体验设施构成。这里有有卖场和画廊的家庭楼、亲子教育设施齐全的儿童楼以及体验和购买艺术家作品的作家楼等。

· ADD 京畿道坡州市碳县面惠邑里村路 59-118
· TEL 031-946-4870

CAMERATA

店名为意大利语"小房子""同好者之家"的意思。在著名MC黄仁龙经营的咖啡店，能把想点的歌写在桌子上的纸上。可以参观LP、真空管放大器、1930年代的喇叭等，也可以尽情享受音乐。每月有两次特别订制的表演（表演费另收），平时门票1万韩元，免费提供咖啡和松饼。

· ADD 京畿道坡州市碳县面惠邑里村路83
· TEL 031-957-3369
· WEB www.camerata.kr

玩具博物馆

能见到从世界范围内收集到的玩具，馆内有世界级的玩偶大师和博物馆专职玩偶师，可以享受30%的折扣，还可以制作只属于你自己的玩偶，户外场地还有专为孩子们建造的游乐设施。每周一休馆。

· ADD 京畿道坡州市碳县面惠邑里村路25
· TEL 031-957-8470
· WEB www.hanliptoymuseum.co.kr

仁川

INCHEON

在首尔，如果想看海的话，仁川就是最近的去处。地铁、公交、机场专线等发达的交通设施给仁川旅行提供了便利。坐地铁去仁川的话，可以坐1号线仁川方向的车，坐到终点，然后走路就能到仁川的著名景点月尾岛、中国城和自由公园。如果要去新浦国际市场和旧书店胡同的话，在东仁川站下车即是。仁川市的中心地区和首尔市的感觉差不多，要是想体验不同的景致就要去仁川郊区，从月尾岛坐船可以到附近的永宗岛、实尾岛，当然，去江华岛和席毛岛方向也不错。如果觉得岛和海水浴场不够过瘾，那么展开寻找仁川的美食美味之旅也不错。

仁川旅行推荐路线

700米/徒步10分钟　　600米/徒步10分钟

在新浦国际市场吃鸡果子 → 参观有麦克阿瑟元帅铜像的自由公园 → 在中国城吃炸酱面

2.5千米/驾车6分钟

1千米/徒步10分钟

在月尾岛公园乘坐飞车 ← 在月尾岛文化路散步

500米/徒步5分钟

6.5千米/驾车15分钟

在月尾岛吃海鲜汤当晚饭　　在INSPA WORLD 洗个海水浴，缓解疲劳

ENJOY

#01

月尾岛游乐园，韩国第一辆飞车诞生地

不妨先欣赏一下仁川的晚上，从月尾岛文化路开始，顺着嘈杂的音乐声和一闪一闪的霓虹灯走，不知不觉就来到了月尾岛游乐园，摩天轮、海盗船、旋转木马、迪斯科梆梆等基本设施都在正常运转，夜晚的天空也被照亮了。仔细看的话，虽然有些设施确实已有岁月的痕迹，但比起这个，好玩和奇妙的感觉占了多半。对于担心安全的人或者像我们一样来得太晚的人，推荐文化路周边的各种休闲游戏，射击、飞镖等，一玩到兴头上会有种"仁川前面的海全归我"的感觉，当然，这只是幸甚至哉时才会说的话。

BY 强仁

哥，你上次在游乐场
玩是什么时候？

嗯？什么时候来着，
我都想不起来了。

晟敏啊，我们来比赛吧？

好啊，从飞镖开始吧，
不过这个我玩得不是很好。

你怎么玩得这么差啊！这不是靠力气而
是靠技巧，
太用力的话不行，好好看哥的啊。

哇，哥好厉害！
怎么这么轻松啊？
我怎么总是不中？
要不换成射击吧！

我一定要赢！

好，看好了，姿势很专业吧?

Oh Yeah! 我太厉害了! 射击要集中注意力啊!

真厉害! 我玩得也不赖，单手试试。

那我要趴着。

集中注意力后，1、2、3，射击!
在脑子里默念: 一定要射中。

Oh Yeah! 这次打中了!

No.1射击场

这里可以玩气枪射击、飞镖气球、篮球机等各种游戏，地点在月尾岛文化大街中部BULLS原豆咖啡店一楼，是一个和朋友、家人一起缓解压力的好地方。

·ADD 仁川市中区北城洞一街月尾路234 ·TEL 031-761-0997

月尾主题公园

2009年建成的月尾主题公园是占地4000平方米的大型游乐园，有世界最高的双层海盗船、迪斯科机、115米高能看到仁川大桥和永宗大桥的摩天轮、从70米到200千米 时速运行的超级过山车，还有20多种室内的儿童游乐设施。

·ADD 仁川市中区月尾文化路81 ·WEB www.my-land.co.kr

MY LAND

1992年开设以来，月尾海盗船和迪斯科机一直很受欢迎。在这个全国最好且让人引以为傲的海盗船上还能看到远处的大海，迪斯科机的外观和内在都是一流，还有专业的DJ打歌，绝对非常好玩。此外，还有孩子们喜欢的旋转木马、碰碰车、迷你海盗船等游乐设施。

·ADD 仁川市中区月尾路252 ·TEL 032-765-7503 ·WEB www.my-land.kr

月尾岛海洋观光

从陆地上看大海和从海上看陆地感觉完全不同。在仁川前的海域坐船游览，乘着三层高的游船看着壮观的日落，这种特殊的旅行体验值得推荐。

·ADD 仁川市中区月尾文化路18 ·TEL 032-764-1171 ·WEB www.wolmidocruise.com

仁川可玩的真多啊！

聪明人玩好仁川的三种方法

1 徒步体验路线

自由公园

位于中国城后面、应峰山一带的自由公园是仁川市的代表性公园，也是韩国最早的近代公园。这里有麦克阿瑟元帅铜像、韩美建交100周年纪念塔、刻满了历史的惨痛记忆的自由女神浮雕。自由公园周边有象征着仁川现代化发展的建筑，登上八角塔还能看到仁川全貌和大海，郁郁葱葱的树林让人有身处大自然的感觉，在这里可以运动、休息，还能看到鸡、鸭子、兔子等小动物。从地铁东仁川站下车徒步20分钟即是，或者从仁川站下车逛完中国城后再来。

·ADD 仁川市中区自由公园南路 25　·TEL 032-761-4774

月尾公园

月尾公园是在月尾岛新建的公园，主要以历史为主题，有莲花池、古建筑、人工喷泉，还有朝鲜时代的农田和小溪，是学生们接受历史教育和市民们休闲的好去处。

·ADD 仁川市中区月尾路329　·TEL 032-765-4131

月尾岛文化大街

文化大街地处地铁仁川站2公里的地方，最初商家们聚集在一起是为了招揽顾客，于是渐渐形成了这条月尾岛文化大街。虽然叫做大街，其实距离很短，但是一到周末就会有很多游客慕名而来。这里有唱歌、舞蹈等表演。

·ADD 仁川市中区月尾岛路　·TEL 032-765-4169（月尾岛观光问询处）

2 用海水洗浴，缓解疲劳

IN SPA WORLD

海水洗浴是仁川独有的，是汲取海下200米深处夹心岩层海水和相似成分的无公害海水，不再经过其他净水过程直接用于洗浴的特殊项目。海水中含有丰富的矿物质，可以促进新陈代谢，改善神经痛、关节炎、皮肤病等。IN SPA 海水浴有天然海水浴池、橡树木桑拿房，还有56米高的滑水梯以及游泳池等大型休闲设备。

·**ADD** 仁川市中区轴向大路279　·**TEL** 032-885-6776

3 寻找电影拍摄地

实尾岛

实尾岛是位于舞衣岛左边方圆不过3公里的小岛。电影《实尾岛》拍摄后，留下了用大型军用帐篷和铁丝网制造成的四方形拳击场，还有处处可见的特种海军基地、沙袋、木台阶等拍摄痕迹。《实尾岛》是根据真实历史事件改编的，电影中的水井、卫生间等都是真实遗留下来的。还有海岸边的小山坡、奇岩怪石等都跟电影里一模一样。在实尾岛可以看见仁川周围的灵兴岛、升凤岛、紫月岛等小岛，天气好的时候，还能看到白翎岛和北汉岛。

·**ADD** 东仁川地铁站下车后乘乙旺里方向的306路公交车到德桥洞下车，再乘小巴士在一号潮口下车。实尾岛旅行要根据涨潮时间制定计划。
·**TEL** 舞衣岛行渡轮号 032-751-3354~6
　　　 舞衣运输 032-746-4491
　　　 实尾繁荣会 032-752-3636
　　　 号潮口繁荣会 032-751-8833

TASTING
#01

想寻找与众不同的味道，就到新浦国际市场

作为仁川最早的近代固立市场，新浦国际市场已经有100年历史了。有碾米店、手工艺品店、洋画店、杂货店、面包店等各种商铺，但是小吃街最出名的要属辣拌冷面，从这里发明出来的五色包子、炸鸡块、空气面包等美食也大受欢迎，名气大的店还要排队购买，即使这样也有人从很远的地方慕名而来。我最爱吃这儿的炸鸡块，晟敏最爱的是五色馒头，这一天我们俩都放弃减肥了。

BY 强仁

SUPERJUNIOR's EXPERIENCE KOREA

哇！真好吃啊！以前只在电视上见过。

人真的很多，排了这么长的队。

颜色看上去真像艺术品。

晟敏啊，这就是新浦市场
有名的炸鸡块啊！

看! 在刚炸出来的鸡块上立刻撒上调料。哇! 看看真好吃啊!

哥, 真的很好吃。调料粘在嘴上, 甜甜辣辣的, 还能咬到坚果。

啊! 好烫! 刚炸好的太烫了! 只吃过外卖送来的,
这样现炸现吃好像更好吃啊!

还以为很硬呢, 其实还挺酥软的, 甜甜的真好吃。
3年没吃炸鸡块了, 真是好吃啊! 太符合我的口味了, 老板再来一点。

我也多吃一点吧? 吃多了会胖吧?

这个不会胖的, 别担心, 吃吧!

是吗? 老板, 我能自己做一次炸鸡块吗?

炸鸡块是新浦市场的名产，是从20世纪30年代新浦市场的鸡肉店里流传下来的小吃之一，现在来吃炸鸡块的人更是络绎不绝。炸鸡块的特点就是能够带来又甜又辣的味觉刺激。

哥, 你看这包子的颜色, 真漂亮!

这个就叫五色包子啊?

五色? 用什么上色的呢?

让我想想, 黄色的是南瓜, 绿色的是青蒿, 粉红色的是什么呢?

粉红色的是栀子。

这样啊, 呃, 那要先吃哪个颜色呢?

五色包子像豆沙包一样, 里面包着豆沙。

啊, 有好多豆沙啊!

哥, 这里面还有肉呢, 试试这个。

包子皮好筋道, 只吃皮都很好吃。

晟敏啊，现在来尝尝鱼肉丸！

真赞！哈哈哈！

啊，吃得好饱，咱们回去吧？
吃这个太容易饱了！

像这样各种鱼丸串在一起真好吃啊！

新浦市场好吃的真多，
听住在仁川的棒球手朋友提过
很多次，这次来了一看，果然很
好。
我喜欢的这里都有，好想搬过
来住啊。

晟敏啊，你知道这里面是什么吗？

不知道，是什么啊？

掰开看看吧！

啊，里面有什么啊？
里面是空的啊，怪不得叫空气面包啊！

真是少见啊，吃吃看吧。

谢谢哥，香喷喷的很好吃啊。

里面还涂了果酱呢，越吃越好吃，
咱们把这些偷走吧！

哈哈，那么好吃吗？那我再给哥买一个吧！

新浦国际市场

传统的新浦市场是为19世纪末在这里居住的日本人、中国人、西洋人共同开设的蔬菜市场。新浦市场从服饰到食材应有尽有，由于价格低廉，还有著名的小吃街，最近受到越来越多人的欢迎。代表性小吃有炸鸡块、空气面包、五色包子等。

·ADD 仁川市中区右贤路49号路11-5 ·TEL 032-772-5812 ·WEB www.sinpomarket.com

新浦炸鸡块

新浦国际市场的名小吃炸鸡块是一种把辣味和甜味结合在一起的特色小吃。由辣椒和坚果类共同制作而成，香气四溢，指尖留香。不仅热的时候酥脆爽口，放凉了吃也很好吃。可以在线订购。

·ADD 仁川市中区右贤路45号（新浦国际市场内） ·TEL 032-777-8848
·PRICE 炸鸡块 大份16000韩元，小份11000韩元。

新浦手制鱼糕

由虾、熏肉、海鲜等结合在一起制作而成，制作过程全程可视化，大大的鱼糕要加上新鲜的辣酱和芥末酱一起吃才好吃。

·ADD 仁川市中区右贤路49（新浦国际市场内） ·TEL 032-772-6239
·PRICE 虾、海鲜、奶酪、苏子叶鱼糕1000韩元，混合鱼糕2000韩元

在新浦洞文化街一起逛一圈吧

在地铁1号线东仁川站下车后往新浦洞方向走一会儿就是新浦洞文化街了，这条街的两侧都是各种时尚店。由于仁川的外国人很多且纷纷来此购物，这条街就渐渐有些异国情调了。文化街左边就是新浦国际市场的入口，最近这里也有很多公演和文娱活动。

·ADD 仁川中区右贤路 ·TEL 032-760-7900

TASTING

02

西海的味道，烤青蛤

月尾岛是一提起仁川最先想到的观光地，进入月尾岛文化街，一面是大海，一面是各种饭店和游乐设施。晚上的海边有很多烧烤摊，每到休息日这里就变成了没有空座位的小吃胡同。在生鱼片店可以吃到当地的特产海鲜，大部分饭店都是落地窗，可以看到大海和整条文化街。有晚霞的时候风景很美，建议傍晚去。

BY 晟敏

大青蛤

巴非蛤

虾夷扇贝

多种贝壳

干贝汤

生虾

沙拉

蒸虾

哇! 真是太丰盛了!
青蛤还是活的，感觉很抱歉啊，小东西们。

来仁川就得吃烤青蛤嘛!
晟敏啊，哥很会烤青蛤的，等我露一手吧!

哥，还没熟，要抓住这里吗?

张大嘴吃吧，别跟他们客气。

我要先吃虾夷扇贝，蘸点酱吃。

这是哥特别烤给你的，呼呼——
吹凉了，来，张嘴!

有点烫啊，要小心。
谢谢哥，真的很好吃!

烤出来的汁可不能浪费啊!

哥，这应该是青蛤吧，真大啊!

在海边的缘故吧，贝壳的种类真多。

这才是仁川的味道嘛!

集市活鱼生鱼片店

这里是提供纯天然生长的活鱼的饭店。通过落地窗可以看到仁川的海，有气氛，食物又好吃，这里的位置经常被团体预订。店内提供各种生鱼片及拌菜。

· **ADD** 仁川市中区月尾文化路20
· **TEL** 032-772-7171

集市超级烤青蛤

这里是专门做烤青蛤和海鲜刀削面的店，位置很好找，就在月尾岛入口的停车场1层。青蛤用炭火烤制，吃完丰盛的烤青蛤再尝尝用青蛤汤制作的刀削面吧，味道太赞了！

· **ADD** 仁川市中区月尾文化路20
· **TEL** 032-771-7175

大爱炸酱面!
中国城

中国城是华侨们建造的传统中国料理城。华侨们为了给这里的华裔子女提供既便宜又能吃饱的食物,才逐渐形成了中国城的炸酱面。中国城里有炸酱面博物馆、仁川华侨中山学校、150米长的三国壁画街,还有在很早以前来仁川的中国人们做供奉的义善堂。中国城除了炸酱面还有很多种小吃,空气面包、月饼、包子等。中国城路边摊散发的热腾腾的香气时常让路人忍不住驻足。

十里香

可以买到真正的、用大蒸笼蒸出来的中国式包子,特点是: 包子皮厚且素淡。肉包子最有名,经常有很多人排队购买。还有芝麻、栗子、红薯等各种馅的包子。

· **ADD** 仁川市中区中国城 50-2
· **TEL** 032-762-5888
· **PRICE** 肉包子2000韩元,红薯、南瓜包子1500韩元。

燕京

从中国城到自由公园的路上，有一家很大的中国饭店，一层是停车场和做包子的地方，二、三层是餐厅。三层包间也很有人气，名人大咖们经常来光顾。主打菜是拌着吃的清朝炸酱面、干烧虾等单品或套餐。空气面包和包子还提供外带服务。

· ADD 仁川市中区自由公园路13
· TEL 032-766-5551

首尔、京畿道

达克斯埃米斯的玛丽老师、林木照相馆的总经理金贤植先生、沙龙弗洛雷斯的总经理朴时任先生、青海镇海运的副总经理金正浩先生、新浦国际市场主任朴镇成先生、漂亮法国店副总经理袁有旭先生、年轻的草莓农场的郑相勋先生

江原道

休闲体育运动协会代表李相益先生、阿里海尔斯渡假村主任卞勇奎先生、韩国铁路观光开发部主任赵景贤先生、特拉罗素咖啡店的总经理姜升明先生和主任李铉主先生、江原海上冲浪俱乐部的总经理车成业先生、蓝天寄宿学校董事长李奎正先生、乐活族康乐公园的部长尹烈先生

全罗道

全州市政府主任赵英浩先生、全州传统酒教育馆科长李智贤先生、全州传统文化进修院负责人金孝尹先生、光州市观光振兴科科长闫方烈和主管李韩泰先生、观光协会负责人金孝润先生、光州乡校的金分任、崔勇深、金真喜、李顺姬、金正任等老师、画家朴仁善先生和朴用贤先生、光州市非物质文化遗产饮食家李爱燮老师、非物质文化传授人金贤真先生、光州传统文化馆 负责人姜香美女士、度假光州宾馆负责人、韩城宾馆负责人、毅斋美术馆负责人、光州大仁艺术市场项目组

庆尚道

庆州千禧年新罗公园产业计划组负责人李孝恩女士、瑶石宫餐馆的各位相关人士、骨窟寺法师梁斗锡先生、统营市观光科负责人赵树龙先生、游艇俱乐部董事长刘昌万先生、海鞘董事长李尚喜先生、釜山社稷棒球场乐天巨人棒球职业队、芬翁画廊的设计师吴尚烈先生、沙斯里克烤肉店理事长允志勋先生

济州岛

乐天免税店负责人吴有静先生，上孝芒果农场负责人杨薛亮先生，哈姆PD家石屋招待所负责人崔正恩女士和善潣先生、迎太阳歇脚海鲜饭店的相关人士、韩国保罗郊野竞技集团副董事长李在亨先生、OSULLOC茶博物馆负责人

图书在版编目（CIP）数据

SUPERJUNIOR 的韩国游记. 下 ／（韩）SUPERJUNIOR
著；李欣爱译. -- 南京：江苏美术出版社, 2014.3
ISBN 978-7-5344-6976-3

Ⅰ. ①s… Ⅱ. ①s… ②李… Ⅲ. ①旅游指南－韩国
Ⅳ. ①K931.269

中国版本图书馆CIP数据核字（2013）第263852号
SuperJunior's Experience Korea vol 2. By Super Junior
Copyright © S.M. Entertainment Ltd. 2013
All rights reserved.
Simplified Chinese translation copyright © Phoenix Publishing & Media Group QIANGAOYUAN Beijing
in 2014 by arrangement with Woongjin Think Big Co., Ltd., Korea
through Agency Liang.

著作权合同登记号： 图字10-2013-521

出 品 人　周海歌

策划编辑　李　欣
责任编辑　曹昌虹
特约编辑　李海露
装帧设计　北京水长流文化发展有限公司
责任监印　朱晓燕

出版发行　凤凰出版传媒股份有限公司
　　　　　　江苏美术出版社（南京市中央路165号 邮编：210009）
　　　　　　北京凤凰千高原文化传播有限公司
出版社网址　http://www.jsmscbs.com.cn
经　　销　全国新华书店
印　　刷　深圳市彩之欣印刷有限公司
开　　本　889mm×1194mm 1/16
字　　数　120千字
印　　张　20
版　　次　2014年3月第1版　2014年3月第1次印刷
标准书号　ISBN 978-7-5344-6976-3
定　　价　168.00元

营销部电话　010-64215835－801
江苏美术出版社图书凡印装错误可向承印厂调换 电话：010-64215835－801